Le Livre de Poche

Jeunesse

MOLIÈRE,
GENTILHOMME IMAGINAIRE

DU MÊME AUTEUR DANS
Le Livre de Poche Jeunesse

Douze contes de fées

Traductions :
Oliver Twist de Charles Dickens
Une petite princesse de Frances Hodgson Burnett

Chez Hachette Jeunesse Roman
Princesses maudites (à paraître en février 2007)

Michel Laporte

MOLIÈRE, GENTILHOMME IMAGINAIRE

HACHETTE
Jeunesse

Préface

L'ennui, avec Molière, c'est qu'on a déjà tout écrit sur son compte et, en prime, le contraire de tout, aussi. Il existe même des littérateurs assez peu scrupuleux pour prétendre qu'il n'est pas l'auteur de ses propres pièces. Ils l'affirment sans sourciller parce que nous ne possédons pas d'écrits de sa main. La belle preuve ! Dans cent ans, dans mille ans, quand la technologie ne permettra plus de lire les disquettes, les cédéroms ni les disques durs, me deniera-t'on la paternité de mes livres parce que je n'ai pas laissé de manuscrit derrière moi ? Je vous demande un peu ! Ce sont là calembredaines qui, je dois le confesser, ont tendance à m'échauffer les oreilles car il devrait y avoir des limites à la mauvaise foi !

Cela dit, il est très difficile de se figurer la masse de choses – sérieuses et raisonnables celles-là – qu'on peut lire sur l'auteur du *Tartuffe*. Il y a de quoi donner le tournis ou la migraine, selon qu'on a la tête lourde ou légère.

À ce compte, me dira-t-on, pourquoi vouloir encore ajouter une brique à un édifice déjà babylonien ou presque ? Question d'envie, répondrai-je. En écrivant un livre sur Molière, on acquiert le sentiment agréable de devenir un proche, un intime, même, un ami – qui sait ? Et devenir l'ami de quelqu'un d'aussi sympathique, c'est agréable ! Ce qui explique aussi que plus on avance dans le projet d'écrire le livre, plus on a envie de l'écrire et plus la question sur la nécessité de le faire s'estompe. Cela devient comme vouloir dire à chaque lecteur : « Tiens j'ai un ami formidable et il faut absolument que tu le connaisses ! »

Force est de confesser que, d'abord, cette surabondance de témoignages, biographies et fictions m'a fait hésiter à m'y lancer à mon tour. Je me suis dit que mon propos risquait d'avoir le goût du déjà-vu ou l'aspect du réchauffé. Or, on le sait, je me flatte d'être un esprit original peu enclin à se satisfaire des restes des autres. Aussi me suis-je mis en quête de documents originaux sur le compte de l'auteur de *L'Avare*.

Je crois que je suis chanceux car j'ai trouvé ce que je cherchais presque tout de suite sous la forme d'une forte chemise brune pleine de papiers d'époque. Je l'ai chinée chez un bouquiniste, pas très loin de mon domicile. Un rapide coup d'œil m'avait permis de constater qu'il s'agissait de témoignages délivrés par des personnages ayant connu l'auteur du *Malade imaginaire*. « Une véritable mine d'or en quatorze épisodes ! » ai-je songé en rapportant chez moi ma précieuse trouvaille.

C'est au terme d'une lecture plus attentive de la série que j'ai eu une surprise dont je ris maintenant mais que, sur le moment, j'ai trouvé amère. Je me demandais quelles circonstances avaient poussé ces personnages à témoigner de la sorte. Le dernier document du lot apportait la réponse : on les avait interviewés, pour ainsi dire, l'artisan de cette enquête commentant ensuite les propos de ses interlocuteurs.

Tout en bas du dernier feuillet, j'ai déchiffré le nom de cet enquêteur en même temps que cette phrase explicative : « Moi, Esprit (une grosse tache d'encre) de Molière, ait colligé ces témoignages pour servir la vérité sur la vie et l'œuvre de l'auteur immortel du *Misanthrope* ».

Sur le coup, j'en suis resté tout bête ! J'avais acheté un document rédigé par un fantôme ! Sans être bassement matérialiste, les écrits de fantômes, moi...

Heureusement, en relisant plus attentivement la phrase mystérieuse j'ai découvert le pot aux roses. Sous l'encre étaient cachés un tiret et « Madeleine » ! Esprit-Madeleine de Molière[1] ! Sa fille ! C'était elle

1. Elle est née le 3 août 1665 et morte en 1723, après avoir épousé en 1705 Claude de Rachel, sieur de Montalant.

qui avait enquêté sur les faits et gestes de son papa, si je puis m'autoriser cette familiarité.

Comme je l'ai déjà dit, je suis veinard : le livre que je projetais, je l'avais, fait d'avance. Après mûre réflexion, en effet, j'ai pris le parti de publier ma trouvaille telle quelle. J'ai seulement fait figurer les remarques d'Esprit-Madeleine à la suite de chaque témoignage au lieu de les garder à la fin du volume. Et aussi, j'ai fait quelques retouches orthographiques pour rendre cet exceptionnel document accessible à tous.

Le voici.

P.-S. On m'a fait remarquer qu'il est peu vraisemblable que Mlle Molière ait pu retrouver tous ces témoins. Je répondrai simplement que, comme disait l'autre, si tout ça n'est pas vrai, du moins est-ce bien trouvé. À supposer qu'Esprit-Madeleine ait inventé ces témoignages, je pense qu'elle en avait le droit.

Partie une : les années de formation

Déposition de Marie Landrin, fille de Jeanne née Boullu, dite Jeanneton, autrefois servante chez le sieur Louis Cressé, dans sa maison de Saint-Ouen.

Jean-Baptiste venait régulièrement à Saint-Ouen les dimanches, surtout à la belle saison. À cette période, je restais avec ma mère que j'aidais de mon mieux. Je ne sais plus exactement quel âge j'avais. Sans doute dix ans. Jean-Baptiste avait deux ans de moins que moi, je crois, je n'en suis pas tout à fait sûre.

Nous avions grimpé sous les combles. Nous n'avions pas le droit d'aller là mais Jean-Baptiste m'avait dit :

— Fais pas la bête, Marie ! Viens ! Personne le saura !

Je me rappelle que, là-haut, il y avait surtout de la poussière. Le grenier était dans la pénombre sur les bords mais au milieu, il y avait un grand carré de soleil qui passait par le fenestron du toit. Il faisait assez chaud même si ce n'était pas le gros de l'été : on était en mai ou, peut-être, en juin, je ne sais plus.

J'avais pensé y trouver beaucoup de choses, ce qui aurait expliqué pourquoi on nous interdisait d'y monter mais il n'y avait presque rien, à part un gros vieux fauteuil tout râpé.

J'ai demandé à Jean-Baptiste :

— Pourquoi monsieur Cressé il le fait pas réparer par votre père ? C'est son métier, non ?

Jean-Baptiste a répondu :

— Mon père, il travaille seulement pour le roi.

Il s'est jeté d'une volée dans le fauteuil ce qui a projeté un petit nuage de poussière. C'était joli dans le soleil. Ça bougeait. On aurait que c'était quelque chose de vivant. On a regardé un moment, sans parler. Puis il a tourné la tête vers moi.

— Marie, à toi, ça te ferait peur de mourir ?

J'ai sursauté. Je ne m'attendais pas à cette question qui m'a mise mal à mon aise. Il avait un air comme je lui en avais jamais vu avant. Le regard, surtout. On aurait cru que ses yeux sombres me fixaient depuis beaucoup plus loin que leur place, dans sa figure.

J'ai finalement répliqué, en balbutiant un peu :

— Si je meurs, j'espère être digne d'aller au ciel !

Il a penché la tête sur le côté puis en avant, pour mieux me regarder. Il avait une moitié de la figure dans l'ombre et l'autre moitié dans la lumière. Il a dit :

— Et si tu vas en enfer ?

J'ai eu vraiment l'impression qu'il me parlait sérieusement. Je me suis écriée :

— Ne dites pas des choses comme ça, malheureux !

Il m'avait fait froid dans le dos. J'ai protesté, en tirant sur les bords de mon châle :

— Il ne faut pas parler de ce genre de choses. C'est

mal ! Et puis c'est bête parce que ça fait de la peine pour rien.

Il avait toujours cette mine terriblement sérieuse. Je commençais à sentir la poussière qui me grattait dans la gorge.

— C'est vrai que je pourrais mourir juste maintenant, dans ce fauteuil, il a dit. Tu peux le croire, ça ?

Il me tardait de repartir. Ça ne m'amusait plus du tout d'être dans le grenier. Je n'ai rien répondu.

Il a commencé à respirer très fort comme si le souffle lui manquait et à sauter d'un côté et de l'autre sur le fauteuil. Il ressemblait à un vieux chat qui a des hoquets. Il avait ses mains pressées à plat contre la poitrine. Il criait, il soupirait et il gémissait en même temps :

— Aah ! Aah !

Ses boucles noires tressautaient dans le soleil qui les rendait presque dorées mais ça faisait peur à voir.

J'ai crié :

— Arrêtez, Jean-Baptiste ! Vous me faites peur !

Et je me suis mise à pleurer.

Quand il a vu mes larmes qui coulaient, il s'est arrêté aussitôt. Il s'est levé, il a pris ma main et il y a posé un baiser. Il m'a dit :

— Fallait pas pleurer, grosse bête, c'était juste pour rire !

*

Les Cressé, Louis et Marie, qui étaient les grands-parents maternels de mon père ont acheté leur maison de Saint-Ouen en mai 1629. Mon père avait alors sept ans et trois ou quatre mois puisqu'il était né à la mi-janvier 1622.

Constituée d'une salle basse, d'une cuisine, de deux chambres à l'étage et d'un grenier, cette propriété se trouvait dans la rue menant à Saint-Cloud. Elle incluait un verger clos, ainsi qu'une étable, un poulailler et une petite maison de gardien.

Ses parents y menaient mon père respirer le bon air. Il y retrouvait ses oncles, tantes, cousins et cousines. Dans l'inventaire qu'on dressa à la mort de mon arrière-grand-père, en 1638, figurent sept lits, trois chaises d'enfants qui se gardaient dans la cuisine, et des jeux. C'est signe que les visiteurs étaient nombreux et que certains étaient très jeunes.

Le même inventaire signale la présence de nombreux tableaux sur les murs, ce qui me donne à penser que Louis Cressé, qui était tapissier comme les Poquelin, se servait de sa maison pour déposer une partie de sa marchandise.

Il n'est question du fauteuil nulle part et je m'étonne un peu qu'on ait conservé un siège en mauvais état : cela devait être déplaisant pour un tapissier. Mais sans doute avait-il été placé au grenier provisoirement, dans l'attente d'une réparation.

Déposition de Colin Testard, dit Léveillé, anciennement apprenti puis ouvrier chez le sieur Jean-Baptiste Poquelin père, maître tapissier dans sa maison de la rue des Étuves à Paris.

Dans mon village, tout le monde m'appelait Léveillé même si mon vrai nom c'est Colin Testard. Mon surnom m'est venu assez vite, parce qu'il fallait pas répéter deux fois ce qu'on me disait pour que je le comprenne.

Je suis arrivé à Paris juste après mes sept ans révolus. Le souvenir le plus marquant que j'ai gardé de mes débuts dans la grand-ville, ce sont les coups de pieds que j'y ai reçus au... postérieur. Non pas que maître Poquelin ait été sévère avec ses apprentis ni qu'il nous ait été beaucoup dessus. Non. En fait, il s'absentait souvent de l'atelier et quand il y venait, il ne se souciait pas de nous. Seulement il avait un ouvrier, un grand maigre appelé Criquet, qui avait la main agile pour les taloches et la jambe encore plus leste. Heureusement, il est parti assez vite – il s'est fait enrôler soldat – et ensuite la vie a été belle.

— C'est là ! Avance, petit drôle !

Ce furent les dernières paroles que m'adressa le colporteur à qui ma mère m'avait confié une semaine plus tôt. Là, c'était une boutique, pas très loin d'une grande église dont j'ai su ensuite qu'elle s'appelait

Saint-Eustache. Sur l'instant, j'étais si intimidé que mes jambes ne voulaient plus bouger. Il m'a poussé dans le dos avec son bâton et j'ai été forcé d'entrer dans la boutique, mon balluchon sur l'épaule. Il pleuvait à verse, j'étais mouillé comme un bouillon. Dès que j'ai été dedans, je me suis mis à dégoutter et à faire une grosse flaque autour de mes pieds.

— Qu'est-ce que tu veux ? on m'a demandé.

— Je suis Colin Testard.

— Et tu comptes, Colin Testard, demeurer planté là comme une gargouille tout le restant de ta vie ?

Celui qui posait la question, c'était ce Criquet. Je ne le connaissais pas encore.

— Je viens ici comme apprenti, j'ai dit.

— Alors, attends que le maître descende, a dit Criquet.

— Vaudrait peut-être mieux le faire monter, a dit un des commis qui avait un gros nez de travers.

Je n'ai pas compris qu'ils se jouaient de moi. Ils m'ont mené au pied d'un escalier à vis, dans la cour, et je l'ai grimpé. Ça n'a pas été le seul mauvais tour que m'a joué ce commis au nez saillant que j'ai fini par surnommer Nasion. Je ne sais même plus son vrai nom. Tous les matins, par exemple, quand il me voyait arriver de ma soupente, au-dessus de l'écurie, il disait :

— Tiens, te voilà détaché du pilier !

C'était une des particularités de la maison, faisant l'angle de la rue Saint-Honoré et de la rue des Vieilles-Étuves, il y avait un pilier en bois qui était sculpté à partir du premier étage et sur les deux suivant, jusqu'au toit. On y voyait sept singes perchés sur des branches d'oranger. Et lui, le Nasion, se croyait malin en prétendant que j'aurais bien pu faire le huitième singe.

Mais revenons à ce premier matin, quand je me suis retrouvé tout mouillé dans la chambre du maître. Au premier étage, je n'ai rencontré personne. J'ai appelé, il n'y a pas eu de réponse. Devant moi, une porte était ouverte. Je me suis avancé et je me suis retrouvé dans une vaste salle. Jamais je n'avais rien vu d'aussi beau. J'ai d'abord cru que la chambre n'avait pas de mur parce qu'à la place, on apercevait partout des tissus montrant des images. J'ai appris ensuite ce qu'étaient les tapisseries et quel usage on en fait, mais sur le moment...

J'ai regardé autour de moi. Il faisait sombre : comme il pleuvait à verse, peu de jour passait par les fenêtres. Il y avait une table à sept colonnes couverte d'un tapis coloré, plusieurs chaises, des fauteuils, deux caquetoires[1] devant la cheminée allumée, un grand bahut – je savais comment tout ça s'appelait parce que mon père m'en avait dit les noms et m'en avait décrit les formes mais je n'en avais pas vu avant. Un grand lit occupait un des coins mais on ne le voyait pas car des rideaux faits d'un épais tissu vert le cachaient sur tous les côtés.

1. Fauteuil bas à dossier haut où on se trouve commodément assis pour papoter (caqueter).

Puis j'ai remarqué le miroir. Je n'en avais jamais vu avant. J'ai appris par la suite qu'il était en cristal de Venise. Sur le moment, ce que j'ai pensé c'est qu'il était si grand que je pourrais m'y voir tout entier, ce qui ne m'était encore jamais arrivé. Seulement il était accroché en hauteur. Sans réfléchir à ce qu'on me dirait si on me surprenait, j'ai poussé une chaise jusque devant le miroir et j'ai grimpé dessus.

Je n'ai pas eu le temps de me contempler ; une voix, derrière moi, a dit en bégayant un peu :

— Tu fais aussi des grimaces ?

Tandis qu'une autre, depuis le lit, demandait aussitôt après :

— Jean-Baptiste, c'est toi ?

Je me suis tourné. Derrière, il y avait un garçon un peu plus âgé que moi, avec des boucles, et des yeux noirs, qui souriait. J'ai dû faire une mine horrible – j'étais terrorisé – parce qu'il a éclaté de rire. Puis, aussitôt, il s'est repris pour répondre :

— Oui, mère ! C'est moi. Vous êtes éveillée ?

J'étais perché sur ma chaise comme un poulet mouillé en haut du clocher d'une église. Je n'osais pas bouger ni parler.

Il est allé au lit, a tiré le rideau. Une jeune femme était couchée. Elle était très pâle ; ses yeux sombres, les mêmes que le garçon, étaient agrandis par la fièvre et brillaient intensément. Le garçon s'est penché sur elle et l'a baisé au front. Elle a tourné la tête vers moi, a demandé :

— Qui est-ce ?

— Je ne sais pas ! Je l'ai trouvé là en entrant.

Elle avait l'air bon, et doux, et ne semblait pas fâchée. Le garçon qu'elle avait appelé Jean-Baptiste paraissait beaucoup s'amuser. J'ai fait un gros effort pour parler et dire :

— Je suis Colin Testard.

Cela n'avait rien de drôle mais le garçon a éclaté de rire et la malade, par contagion, a ri aussi. Pourtant, je ne me suis pas du tout senti mal, au contraire, j'ai été heureux de la voir rire ; cela l'animait un peu. D'une voix faible, elle m'a demandé :

— Je suppose que tu es un des apprentis ?

Avec elle, je me sentais en confiance. Je suis descendu de ma chaise et j'ai dit :

— Depuis aujourd'hui même, je viens d'arriver. Je suis le fils de Colin Testard. Il a travaillé ici, avant son accident. Maître Poquelin lui avait promis que quand je serais assez grand...

D'un geste de la main elle m'a interrompu.

— C'est bien Colin. J'espère que tu te plairas avec nous...

Elle était au bout de son souffle. J'ai eu un peu honte de l'avoir fatiguée avec mon bavardage. Je me suis écrié :

— Ho ! j'en suis bien sûr madame !

Ce qui a fait encore rire Jean-Baptiste.

Sa mère s'était renfoncée dans ses oreillers, blanche

sur la toile blanche. Lui a repris son sérieux ; à mi-voix, il m'a dit :

— Tu sais, normalement, tu ne dois pas venir ici.

— C'est eux, en bas, qui m'ont dit de monter.

— Ils ont voulu te jouer un tour. C'est le premier et sûrement pas le dernier. Mais ne t'inquiète pas, ce n'est pas grave ! Je vais... Attends-moi un moment, je vais m'occuper de toi.

J'ai attendu. Il s'est assis sur le bord du lit, a pris la malade dans ses bras et s'est blotti contre elle, le front contre sa joue. Elle caressait ses cheveux sans rien dire. Moi j'ai serré les poings. Je l'enviais. Je trouvais qu'il avait de la chance...

Deux mois plus tard, madame Marie est morte.

Je n'ai pas beaucoup vu Jean-Baptiste à ce moment-là. Lui et ses frères étaient presque tout le temps partis de la maison. Ils restaient beaucoup chez madame Poquelin, la mère du maître, au début de la rue de la Lingerie, ou alors chez les grands-parents Cressé, à l'autre bout de cette même rue.

Je sais tout de même que Jean-Baptiste a eu beaucoup de chagrin parce que moi, qui la connaissais à peine, ça m'a fendu le cœur de la voir mourir. Alors lui, qui était si proche d'elle...

L'année d'après, le maître s'est remarié, avec une gentille voisine, Catherine Fleurette. Je la connaissais pour l'avoir vue chez son père, qui était sellier. Il tenait boutique dans la maison à l'image de Saint Michel, au bout de la rue Saint-Honoré, et j'y allais souvent en course, chercher des paquets.

J'ai gardé un bon souvenir de cette nouvelle maîtresse. Jean-Baptiste et ses frères s'entendaient bien avec elle, eux aussi, même s'ils n'ont pas eu affaire à elle longtemps. Elle est morte au bout de trois ans et demi, après avoir eu trois enfants dont les deux derniers sont morts tout de suite après leur naissance.

Criquet était parti, j'avais grandi et je commençais d'être à mon aise à l'atelier. Dès que je le pouvais, j'allais à la cuisine, derrière la boutique, m'installer près du feu. Dans les derniers jours de madame Catherine, Jean-Baptiste venait souvent s'asseoir là, lui aussi. Il me jetait un regard triste puis fixait les flammes, sans rien dire. Je n'osais pas interrompre ses songeries. Je pense que cette atmosphère de maladie le replongeait dans les instants où madame Marie était morte.

Il n'y avait que la venue du médecin qui le tirait de sa torpeur. Il le détestait. Il l'accueillait par des grimaces et crachait derrière lui, dès qu'il était passé, un gros crachat, le plus près possible de sa robe et, parfois, sur la robe même.

Moi cet homme noir m'impressionnait. Jean-Baptiste disait, et la colère le faisait bégayer plus fort qu'à l'ordinaire :

— À quoi bon le faire venir, cet imposteur ? Elle et ma sœur mourront bien sans lui !

De fait, madame Catherine et la petite Marguerite,

qui venait tout juste de naître, sont mortes toutes les deux.

Jean-Baptiste a eu un moment de triomphe amer :

— Alors, Léveillé, je ne t'avais pas dit qu'elles passeraient, avec ou sans le secours de ce grand cornichon ?

J'ai dit à Jean-Baptiste :

— Ce n'est quand même pas de sa faute, à lui !

— Je ne lui en veux pas d'être incapable ! Il fait ce qu'il peut, c'est-à-dire rien. Je lui reproche de nous tromper en faisant croire qu'il sait quelque chose ! Je déteste les impostures !

*

Colin Testard fait montre d'une excellente mémoire : les meubles qu'il a vus dans la salle, à l'étage, y étaient vraiment. L'inventaire fait à la suite de la mort de ma grand-mère, Marie, survenue le 12 mai 1632, les mentionne.

La maison avec la poutre cornière sculptée qui montre des singes fait l'angle de la rue Saint-Honoré et de la rue des Vieilles-Etuves. Elle n'appartenait pas à mes grands-parents : Jean Poquelin l'avait loué, en 1620. Il y est demeuré jusqu'en 1643. C'est là que sont nés ses neufs enfants, les six qu'il a eus avec Marie et les trois qu'il a eus avec Catherine Fleurette. Sur le nombre, seule la deuxième fille de Catherine a survécu – de trois ans seulement ! – à mon père qui était l'aîné. Elle était religieuse chez les visitandines de Montargis.

En 1631, Jean Poquelin, mon grand-père, a racheté un office de tapissier ordinaire de la chambre du roi. Ces tapissiers, qui étaient huit en tout, avaient pour fonction d'installer les lits du roi Louis le Juste et de sa suite. À cette époque le souverain n'habitait pas toujours le même palais comme aujourd'hui Versailles. Il fallait mettre à sa disposition sa chambre à coucher partout où il se déplaçait et lui fournir ce qui manquait.

Cet office a été transmis en 1637 à mon père qui y a renoncé au profit de mes oncles Jean et Nicolas, en 1643, pour le reprendre à la mort de Jean, en 1660. Je ne crois pas qu'il avait besoin, à l'époque, du faible bénéfice qu'il rapportait mais il est probable qu'il y a vu une excellente entrée à la cour.

Déposition de Gianni Corrado, alias Grosso Pantaleone, batteur d'estrade et marchand du fameux extrait de myrobolan, curatif merveilleux de tous les dérèglements des nerfs.

Vous n'allez sans doute pas le croire mais ce bonhomme, que du reste, j'ai ensuite vu grandir, m'a beaucoup appris...

Ma ! commençons plutôt mon histoire par le début, c'est-à-dire en disant que je suis né du côté de *Napoli*, dans une famille pauvre, mais tellement pauvre qu'en y repensant, je me dis que l'air napolitain doit être nourrissant parce qu'il me semble que c'est à peu près tout ce que j'ai eu à manger durant mes premières années.

Je suis arrivé à *Parigi* – j'avais juste passé mes douze ans – moitié par bateau, moitié par hasard. J'ai fait le voyage avec un parent plus âgé qui rêvait de faire fortune. En chemin nous avons croisé de tout : des pirates, beaucoup de soldats, la peste, des gens d'armes qui ont toujours voulu nous enfermer et lui, le *poverino* ! la mort. Il est resté sur le carreau à Meaux, d'un mauvais mal de ventre, alors que nous étions si près du but.

Moi, j'ai enfin atteint Paris, mort de faim ou quasi, mais la belle saison approchait et le soleil me tenait lieu de nourriture !

Le jour se levait à peine. Mes pas m'ont mené jusqu'aux abords du fleuve où je comptais trouver quelque ouvrage : autour des bateaux, il y a toujours quelque chose à faire pour quelqu'un de débrouillard. J'ai avisé un garçon de mon âge, bien vêtu, brun avec des cheveux frisés, qui s'amusait à lancer des cailloux dans l'eau.

— *Scusi*... ai-je commencé.

Il m'a regardé des pieds à la tête. Je me suis senti un peu honteux car j'avais sur moi plus de trous que de tissu. Il n'a pas semblé s'en offusquer. Il a demandé :

— Tu viens d'où ?

— De *Napoli* !

— Et tu cherches à gagner ta vie ?

— *Si. Per mangiare* ! Pour manger.

— À ta place, j'essaierais sur le Pont-Neuf. Si je devais travailler, c'est là que j'irais. Viens, je vais te montrer !

Nous avons suivi l'eau un moment sans parler pour arriver à un pont. Il y avait une statue, un cheval avec un homme dessus.

— D'habitude c'est noir de monde, a dit le garçon. Mais il est encore trop tôt. Moi, je rentre ! Bonne chance.

Il s'est mis à trotter vers l'autre rive de la rivière. Mon estomac grondait. Je me suis assis au pied de la statue. J'ai appris par la suite qu'elle représente le bon roi Henri sur son cheval blanc. Monture et cavalier me sont devenus plus familiers que mon propre visage tant je les ai vus depuis.

— Hé bien ! petit, les affaires n'ont guère l'air d'aller !

Un homme se tenait près de moi que je n'avais pas entendu arriver. Il avait l'âge d'être mon grand-père. La voix était sonore mais douce. Il avait l'air bon. J'ai eu envie de lui répondre que je mourrais de faim mais j'ai préféré prétendre que je me reposais un peu. Il n'a pas été dupe :

— Je parie que ta bouche préfèrerait s'activer. Tu es italien ?

— Non ! Napolitain !

— *Ecco* ! *Napolitano* !

Il m'a proposé de le suivre jusque chez lui, à deux pas, où il m'offrait à déjeuner. Pour finir de m'appâter – comme s'il avait besoin de cela quand je me serais damné pour un croûton de pain sec ! – il a ajouté qu'il avait peut-être un emploi pour moi.

Lui aussi, m'a-t-il expliqué, était né à l'ombre du *Vesuvio*, du côté de Santa Lucia, et il avait ensuite étudié la médecine et l'astronomie à Firenze.

Une heure, un pain d'une livre et trois assiettées de ragoût plus tard, j'étais entré au service de l'illustre Signor Tarabon qui, en réalité, s'appelait Luigi Salvadori.

Il vendait, sur le pont où je venais de le rencontrer, une médication miracle de sa composition, souveraine contre tous les maux connus. Je peux affirmer qu'il n'était pas un charlatan parce qu'il croyait dur comme fer aux vertus du remède qu'il vendait. C'était une recette de sa grand-mère qu'il avait améliorée au terme de plusieurs longues années d'études – j'ai dit, je crois, qu'il avait fréquenté l'université de médecine à Firenze. Il le fabriquait dans sa cuisine, en fonction des phases de la lune, à partir d'ingrédients qu'il trouvait je ne sais où. À vrai dire, toute cette part de son activité m'est toujours demeurée mystérieuse. Je servais à faire vendre son élixir, sur le pont où il avait son estrade et où il le présentait comme le seul rival du baume des Égyptiens et de Fioravanti réunis.

Seulement, il n'était pas seul à proposer sa panacée !

Déjà, pour se faire entendre, il fallait passer par-dessus le tumulte ambiant, le grincement des roues des carrosses et des charrettes, le claquement des sabots et celui des fouets, les grognements, meuglements, bêlements des bestiaux qui traversaient la Seine vers les boucheries, les cris, les offres des vendeurs, les invites, les ordres de se ranger pour laisser place aux chaises, les jurons, les insultes, les *lazzi*, les exclamations de douleurs quand un fouet tombait sur un dos ou qu'une femme chutait sur le pavé en se tordant la jambe.

Et non content d'être entendu, il fallait aussi attirer et retenir la pratique. La concurrence était féroce. Il n'y avait pas moyen de lutter avec les arracheurs de dents : les mines, les grimaces et les cris de leurs clients suffisaient à rameuter une foule énorme autour d'eux. Pour le reste, mon maître avait un grand rival, une sorte d'ennemi intime, un certain Ieronimo Ferranti qui se disait natif d'Orvieto et qui, pour cette raison, se faisait appeler l'Orvietan. Ce Ferranti avait à son service des bouffons qui se donnaient force soufflets et coups de pieds, ce qui était un moyen efficace d'attirer l'attention des passants.

Mon maître n'était pas en reste. Il n'avait pas son pareil pour mimer les effets dévastateurs d'une migraine, d'une angine, d'une aphonie ou d'une colique. Mais seul, il n'était pas de taille à lutter. Alors il avait eu l'idée d'un comparse et je paraissais sur la scène, vêtu d'habits trop courts, comme un enfant qui aurait grandi trop vite, et d'un air niais, je commençais :

— Très honoré messire Tarabon et par ailleurs illustrissime mon papounet, je vous voudrais soumettre une question qui laisse même les plus *éminantus savantibus* la bouche close faute d'y savoir répondre !

Lui, les yeux au ciel, prenait les badauds à témoins :

— Les marmots, quelle plaie ! Toujours qu'ils sont à poser mille questions aussi sottes que grenues !

Puis, revenant à moi, il me lançait d'un ton lassé :

— Parle toujours si eux se taisent !

— Qu'il soit Zéphyr, brise légère ou vent du nord, il souffle, le vent, tantôt tout doux et tantôt violent à décorner les co... – oh, pardon, j'en vois dans l'assemblée ! – à décorner les bœufs ! Or ça, enseignez-moi, dites-moi d'où il vient-il, le vent. Sont-ce les arbres, en branlant leurs feuilles qui le font souffler comme les belles avec leurs éventaux ?

En même temps que je parlais, je mimais les branches qui bougent, avec mes mains, doigts écartés, puis je faisais des mines, comme une coquette qui joue avec son chasse-mouches.

— Ainsi, petit corniaud, me disait-il, tu cherches à prendre le vent ! Mais dis-moi, à ton avis ? Sont-ce les arbres ?

— Ma foi, je le croirais très volontiers sauf que, comment soufflerait la bise d'hiver quand les feuilles sont chues au sol ?

— Diantre, le maraud est devenu plus fin que je l'aurais pensé ! ... Voilà que, pour l'esprit, tu ressembles à ton père et que tu raisonnes aussi bien qu'un maître d'école et un tambour à la fois ! Approche mon petit ! Tu veux savoir d'où vient le vent ?

— Oui-da, messire mon papounet !

— Ferme les yeux, baisse la tête. Comme ça ! *Cosi* ! Penche-toi un peu plus en avant !

L'assistance, qui pressentait ce qui allait arriver – ou qui le savait pour l'avoir vu de multiples fois – retenait son souffle. La difficulté pour moi, c'était de garder l'air ingénu et de faire comme si j'ignorais ce qu'il allait m'arriver sur le nez ! Car là, mon bon maître me lâchait à la figure un pet retentissant dont il imitait le bruit au moyen d'une vessie de porc qu'il faisait se dégonfler. En même temps, il claironnait :

— Voilà d'où vient le vent ! Mets-toi-le en tête, cornichon !

Moi, je me pinçais le nez, je titubais en travers de l'estrade comme si j'étais asphyxié, je battais l'air d'une main comme si le souffle me manquait, et les gens se tordaient de rire.

J'avais la tête en bas, tout près du postère de mon maître, quand j'ai revu le garçon, au premier rang de la foule, à côté d'un homme d'âge et bien vêtu qui pouvait être son grand-père. Tous riaient, lui pas. Je n'ai jamais oublié ni sa mine aussi sérieuse que celle d'un pape ni la façon dont il me fixait : il y avait du feu et une tension extrême dans son regard. Sur l'instant, j'ai été étonné : nous étions les deux seuls à ne pas rire. Je me suis aussi senti déçu. Je m'étais cru drôle jusqu'alors et voilà que je n'arrivais pas à dérider un garçon de mon âge dont je savais, en plus, qu'il aimait le Pont Neuf !

Et puis j'ai commencé à comprendre...

Si nous étions seuls à ne pas rire, c'était que nous étions tous les deux à jouer un rôle. Lui s'était mis à ma place et, sur son visage, j'ai déchiffré tout ce qu'on aurait dû lire sur le mien : l'innocence, la candeur, l'impatience de savoir, la naïveté. Moi, j'avais beau faire des efforts, j'avais joué la scène des centaines de fois et, certainement, quand je prenais ma position tête en bas, on devait lire sur ma mine que je savais ce qui m'attendait. J'étais mauvais acteur. Lui, en revanche, exprimait tout ce que j'aurais dû montrer !

Je l'ai compris et, d'un coup, je suis devenu mon personnage, l'enfant un peu bébête qu'on va rouler dans la farine et qui ne voit rien venir. Il a perçu le changement chez moi aussitôt qu'il s'est fait et, immédiatement, il a éclaté de rire. Ce fut la plus belle leçon de comédie, et la plus efficace surtout, que j'ai jamais reçue.

Je l'ai souvent revu par la suite. Il venait au moins deux ou trois fois par semaine, avec le vieil homme d'abord puis, à partir d'un certain moment, seul ou avec des gars de son âge. Nous ne nous sommes jamais reparlé. Si je ne jouais pas, il me saluait d'un sourire ou d'un petit signe de la main et il attendait sans bouger qu'on commence. Sinon, il me regardait faire, en riant de bon cœur à chaque fois, comme s'il ne connaissait pas la scène – Dieu sait pourtant que même si nous tâchions, mon maître et moi, de varier les situations et les répliques, nous étions forcés de souvent nous répéter. Quand j'avais fini, il approuvait d'un petit hochement de tête, preuve qu'il était content de moi, et s'en allait regarder les autres.

Lorsque mon maître est parti pour Marseille où, forcément je l'ai suivi puis quand j'ai pris sa succession et que, saison après saison, année après année, j'ai battu mon estrade dans toutes les villes de l'Europe, jamais je n'ai cessé de jouer pour ce garçon de mon âge qui, un jour, un peu avant la Saint-Michel – il a plu ensuite dans la soirée et tout le lendemain – m'a enseigné à sa façon le peu que j'ai jamais su de mon métier.

*

Mon père a toujours aimé le Pont-Neuf. Il m'a souvent dit, quand il m'y menait – trop rarement à mon goût car il était très occupé – qu'il y venait lui-même quand il était enfant. De la rue Saint-Honoré, c'était vite fait : il lui suffisait de parcourir la rue de l'Arbre-Sec qui n'est pas si longue !

*La description que fait Grosso Pantaleone de ses débuts et de son métier correspond bien à ce que mon père me racontait, même s'il ne m'a jamais parlé de lui en particulier. Le spectacle le plus unanimement apprécié, et j'ai pu le constater de mes propres yeux, était bien l'arrachage de dent. Au plaisir qu'on prenait au jeu véritablement théâtral de l'arracheur et aux grimaces – celles-là pas feintes du tout de la victime – s'ajoutait l'agréable impression d'être indemne, hors du coup, le fameux "*suave mari magno*" de Lucrèce.*

Plusieurs biographes de mon père affirment qu'il a vu sur le Pont-Neuf les parades de Tabarin, un bateleur très célèbre et très populaire à l'époque. Il jouait principalement les valets et mon père s'en serait inspiré. C'est possible même si Tabarin s'est retiré du métier dès 1630. À huit ans, on peut être durablement impressionné par ce qu'on voit.

Déposition de Jean Mazuel, violoniste chez le roi, fils de Jean et neveu de Michel, pareillement violonistes chez le roi.

Nous avions un grand-oncle qui se nommait Balthazar et qui avait touché la viole de dessus et le violon au service de Leurs Majestés, le roi Henri, le roi Louis et les Régentes.

Quand le rhumatisme, ou la goutte, je ne sais plus trop, a commencé à le faire souffrir, il a dû cesser de jouer sauf qu'il continuait parfois à taper sur un méchant clavecin dont il couvrait les sons plaintifs en chantant à tue-tête.

Il était établi dans une maison qu'il avait à lui, tout près de celle où habitait sa sœur, Agnès Mazuel, qui avait épousé Jean Poquelin et se trouvait être la grand-mère de Jean-Baptiste en même temps que ma grand-tante. Ce Balthazar était très à son aise et la maison était grande. Il en avait loué le ras de pavé et les étages à un maître linger, collègue de Cressé, et habitait le premier où il s'était mis en tête de faire profiter le voisinage de ses savoirs musicaux, qui, je dois l'admettre, étaient grands, en donnant des leçons de musique et de danse.

C'était notre régal, à nous autres cousins du même âge, que ces leçons qui attiraient les filles du quartier. Nous n'avions pas le droit d'assister à ces séances, ce qui aurait déconcerté ces demoiselles, mais nous avions trouvé le moyen de tout voir sans être vus. La salle où l'oncle Balthazar recevait ses élèves donnait sur la cour par l'escalier. Sa chambre, qui était contiguë, communiquait avec elle par une garde-robe tout encombrée d'un fatras de colis, de coffres et de vêtements pendus aux murs, à des clous. De là, les portes n'étant jamais fermées, on pouvait aisément suivre ce qu'il se passait à côté. Quant à accéder à la chambre de l'oncle que nous traversions à pas de loup, rien n'était plus simple : une échelle à laquelle nous grimpions depuis l'écurie permettait de gagner une galerie et, de là, une porte vitrée donnant dans la chambre.

Combien de fois, dissimulés dans les pans d'une cape ou d'un manteau pendus à la cloison, avons-nous contemplés, tantôt près d'éclater de rire, tantôt troublés jusqu'aux larmes, l'une ou l'autre de nos voisines dont certaines étaient si jolies ?

L'oncle Balthazar battait la mesure sur le carreau de la salle avec un gros bâton ferré et je me demande encore comment les lingers, au-dessous, ne sont pas devenus fous, à force d'avoir leur plafond ébranlé des heures durant. Sans parler des éclats de voix. Car l'oncle Balthazar chantait pour accompagner les écolières et, plus souvent encore, s'emportait quand elles se montraient trop balourdes ou qu'elles chantaient faux. Force est de dire qu'il était le meilleur homme du monde mais, également, fort bilieux et que ses colères étaient aussi brusques que sonores. Curieusement, ses apprenties danseuses et chanteuses, sachant qu'il n'était pas méchant pour un liard, laissaient passer l'orage pour recommencer de plus belle.

Un matin que je situe un peu avant la Saint-Jean parce que, bien qu'il fît déjà chaud, l'oncle était encore à Paris – après cette date, il partait « se mettre au frais et à l'abri des miasmes caniculaires » dans la maison qu'il avait à Argenteuil – un matin donc, que Jean-Baptiste et moi étions désœuvrés, nous sommes passés le voir. Je crois me rappeler que nous étions en quête de monnaie pour aller traîner du côté du Pont-Neuf.

Nous avons trouvé oncle Balthazar très enflammé. Il a dit qu'il attendait un client d'un genre nouveau, qu'il était impatient de tenter l'expérience et qu'il avait le sentiment que, grâce à ses compétences en pédagogie, l'expérience réussirait. Sur quoi il nous a jetés dehors après nous avoir donné, je crois, ce que nous étions venus quémander. Mais nous n'avions plus qu'une envie : être témoins de l'expérience à laquelle il allait se livrer.

En veillant à ne pas nous faire remarquer, nous avons pris nos postes d'observation habituels, au milieu des vêtements. Un gros bonhomme est arrivé, chapeau à plumes, hauts souliers et de la dentelle partout où on avait pu en placer sur son habit. J'ai senti Jean-Baptiste me pousser du coude.

— Tu le reconnais ? a-t-il murmuré dans un souffle.

— Non ! C'est qui ?

— Jourdain ! Un bourgeois de Saint-Germain. Je connais sa fille ! Il est si riche qu'il ne sait même plus ce qu'il possède.

Après l'avoir bien salué, oncle Balthazar lui a demandé :

— Hé bien ! mon cher élève, puisque c'est de ce nom que je dois vous désigner, par quoi voudriez-vous commencer ?

— Ma foi, cher maître, a rétorqué l'autre, de par ma nature je serais enclin à débuter par le début mais il se trouve que je suis un peu pressé. Je dois assister à un bal mardi et il se fait que...

— ... Que vous ne savez pas danser !

— Hélas non ! Le sort a fait que je n'ai jamais eu le loisir d'apprendre. Mais si vous pensez que je suis trop vieux...

— Trop vieux ! Mais qu'allez-vous me chanter là, si j'ose dire. Sachez que je prétends, monsieur mon élève, qu'on peut apprendre à danser à tout âge pour peu qu'on suive une méthode naturelle, raisonnable et adaptée telle que la mienne !

C'était donc cela l'expérience. L'oncle Balthazar s'était mis en tête d'apprendre à danser à quiconque nonobstant son âge et son anatomie. Pourquoi pas aux culs-de-jatte, tant qu'il y était !

Le gros homme a ôté sa veste qu'il a posée sur le clavecin et s'est mis en position, jambes à demi écartées, au milieu de la salle. Oncle Balthazar s'est mis à chanter tout en martyrisant rudement le carrelage avec sa canne.

— La, la, la ; la, la, la, la, la, la.

L'autre n'a pas plus bougé que s'il était une statue de plâtre.

— Voyons monsieur mon élève, n'entendez-vous pas la musique ?

— Si fait, monsieur mon maître, je l'entends fort bien !

— Alors suivez-la, s'il vous plaît !

— Je veux bien mais comment dois-je m'y prendre ?

— En déplaçant vos pieds l'un après l'autre et en cadence. Chaque fois que je chante « la » soulevez un pied et reposez-le à l'endroit où la musique l'appelle et veut – que dis-je, « veut » ? -exige naturellement qu'il se pose ! Ne ressentez-vous pas la musique, monsieur mon élève ?

— Si je ne la ressens pas ? Oh que si ! Je puis même affirmer qu'elle me transperce les oreilles avant de me perforer la cervelle ! Alors oui-da, pour la ressentir, je la ressens !

— Fort bien ! Essayons à nouveau !

Le fracas sur le carreau a repris avec la chanson :

— La, la, la ; la, la, la, la, la, la ; la, la, la, *bis ;* la, la, la ; la, la. En cadence, s'il vous plaît ! La, la, la, la.

Force est de dire que « l'élève » était incroyablement drôle à regarder, petit et gras comme un moine, paraissant prêt à tomber de ses chaussures ridiculement hautes à tout moment. Il faisait un tout petit pas en avant, le plus souvent à contretemps, puis restait un pied en l'air comme s'il ne savait plus s'il devait bouger le droit ou le gauche ni où il devait placer celui qu'il avait levé. Pendant ce temps, le maître chantait deux ou trois « la » en haussant la voix à chaque fois ce qui provoquait une espèce de trémoussement du bonhomme qui agitait son postérieur à la façon d'une oie.

Je sentais le manteau à côté de moi s'agiter convulsivement : Jean-Baptiste essayait d'écraser son fou rire dans le tissu tandis que, de mon côté, j'étais obligé d'en faire autant.

Oncle Balthazar, sans voir le comique de la situation, s'obstinait :

— La jambe droite ! La, la, la. Ne remuez point tant les épaules ! La, la, la, la, la ; la, la, la, la, la.

On sentait que sa patience était mise à la torture et que le risque allait grandissant qu'elle touche bientôt à son terme :

— Vos deux bras sont estropiés ! La, la, la, la, la. Haussez la tête ! Tournez la pointe du pied en dehors ! La, la, la. Dressez votre corps !

Il avait le visage très rouge et semblait furieux de constater qu'à force de gaucherie son ex-cher élève était en train de faire rater l'expérience et de ruiner ses espérances de pédagogie naturelle et universelle.

Brusquement, ce qui devait arriver est arrivé.

L'élève a chu en avant et s'est retrouvé à plat ventre sur le carreau bien ciré de la salle. L'oncle a explosé :

— Jarnidieu ! Qui diantre m'a fichu une cornouille pareille ! N'êtes-vous point capable, monsieur, de tenir sur les deux jambes que le ciel vous a données et de les bouger plaisamment, sans ressembler à un goret en quête de sa portion de fèves ?

L'autre s'est relevé comme il a pu, le visage écarlate de honte et de colère mêlées.

— Aussi, c'est votre faute ! a-t-il glapi. À force de me beugler comme un sourd dans les oreilles et de me rompre les tympans avec vos coups de canne, vous me faites perdre la notion de la droite et de la gauche !

— Beugler, dites-vous, maraud ? Si vous n'étiez point sourd comme une huître vous entendriez que c'est de la musique. Mais vous avez du lard aussi dans les oreilles !

Le petit homme, blême de rage, s'est dressé de toute sa petite hauteur sur ses escarpins.

— Faquin ! Me parler sur ce ton ! Je vous ferai donner du bâton ! Maraud !

Selon toute probabilité, il allait néanmoins être le premier à goûter du bâton car l'oncle Balthazar a levé sur lui une canne menaçante. Seulement, je n'ai pas vu s'il l'abattait sur le dos de celui qui, désormais, n'était plus du tout son « cher élève ». À ce moment-là, en effet, Jean-Baptiste s'est levé d'un bond et sans se soucier de demeurer discret, a trotté vers la porte vitrée de la chambre. Je n'ai pu faire autrement que le suivre car nous étions découverts.

Je l'ai rejoint en bas de l'échelle. Je n'ai pas eu besoin de lui demander des explications. Il était en train d'arroser le mur de l'écurie. Il m'a dit :

— Ouf ! Un peu plus et j'inondais mes chausses !

*

Je n'ai pas retrouvé trace de l'oncle Balthazar. Il existe bien dans la famille un Balthazar Duburret mais c'était un cousin de mon père et donc un garçon de sa génération. Rien ne prouve cependant que l'oncle en question n'a pas existé. La famille Mazuel, en effet, est un peu embrouillée.

Le père d'Agnès Mazuel, mon arrière-grand-mère, s'appelait Guillaume. Il était toucheur d'instruments et s'est marié trois fois, ce qui fait que le fil de la parentèle se perd facilement. Ses deux frères étaient musiciens, eux aussi, et plusieurs de leurs descendants ont embrassé la même carrière. Jean Mazuel, par exemple, un grand-oncle de mon père, était violon du roi et deux de ses quinze enfants l'ont été aussi.

Le plus connu de la dynastie Mazuel est Michel. Louis XIV le nomma compositeur de la musique des vingt-quatre violons de la chambre en 1654 en sorte qu'il participa à deux comédies-ballets de mon père Le Bourgeois Gentilhomme *et* Psyché.

Il m'arrive de jouer des airs qu'il a écrits sur le petit

clavecin de cinq pieds que j'ai hérité à la mort de mon père. Il était dans notre maison de la rue de Richelieu de même qu'un autre, plus grand, dont ma mère jouait souvent et qu'elle a conservé. Mon époux s'amuse aussi parfois à les prendre comme thèmes pour improviser sur son orgue de Saint-André-des-Arts. J'ai beau lui dire que ces petits airs manquent d'ampleur pour un instrument de cette taille, il s'obstine à les trouver « charmants ».

Déposition de Justin de Cyrano, ancien compagnon d'étude de Jean-Baptiste Poquelin au collège des pères jésuites de la rue Saint-Jacques, dit collège de Clermont.

Nous n'avions qu'assez rarement l'occasion d'être honorés de la présence du sieur Poquelin aîné, comme le faisaient ironiquement remarquer nos maîtres. Quand ils lui en adressaient le reproche, il répondait que son père avait été appelé pour telle ou telle tâche urgente au service de Leurs Majestés, qu'il avait dû aider et, partant, manquer les classes.

Je savais parfaitement, et tous les autres avec moi, que ces jours où il était absent, il avait quitté la maison paternelle le matin, à l'heure habituelle en disant qu'il s'en allait au collège et que, chemin faisant, il avait trouvé mieux à faire.

Nos maîtres, eux, gobaient ses mensonges tout crus. Ou, peut-être, non. Peut-être n'en croyaient-ils pas un traître mot mais ne s'en souciaient pas. À leurs yeux, un fils de bourgeois comme Jean-Baptiste n'était que négligeable fretin. Ils avaient parmi leurs élèves beaucoup de grands noms auxquels allaient leurs soins et leur attention. Pour ma part, comme mon père n'avait pas le sou, j'étais rangé dans la même catégorie des personnages peu dignes d'intérêt.

Je me souviens d'une leçon du père Médard qui est

entré dans la salle d'étude en lançant de sa vilaine voix grinçante :

— Aujourd'hui-Virgile-*L'Énéide*-chant-deux-la-suite-en-reprenant-à-*Infandum-regina-jubes-renovare-dolorem*...

Sur son habituel ton monocorde, où jamais rien n'était accentué et d'où était absente toute respiration, il nous a débité une quinzaine ou vingt vers en latin dont il s'est ensuite mis en devoir de traduire les difficultés sur le même mode :

— Tu-me-demandes-reine-de-rappeler-à-moi-un-dol-impossible-à-exhaler...

C'était la même coulée de sirop qu'à l'ordinaire, dont l'unique particularité était le son suraigu de la voix qui en faisait, paradoxalement, un sirop acide ! Comme d'habitude et comme tous les autres, je n'écoutais pas quand le mot « Énée » m'a fait sursauter. Pour une coïncidence !

J'ai fouillé fébrilement mes poches. Où avais-je donc rangé cette lettre que je m'étais promis de faire lire à Jean-Baptiste et que j'avais oublié de lui montrer avant d'entrer en cours ?

Sans doute ai-je fouillé avec trop d'énergie car maître Médard a interrompu sa berceuse pour fixer sur ma personne ses yeux de carpe frite. Il a toussoté, soulevé les arcs de ses sourcils. J'ai fait mine de me gratter avec énergie. Il est revenu à ses traductions non sans penser : « Fi donc ! réceptacle à incommodités piqueuses et saltigrades », ce qui, chez lui, quand il était de bonne humeur, signifiait « sac à puces » !

— Psitt ! Psitt ! ai-je appelé Jean-Baptiste en lui faisant voir que j'avais quelque chose pour lui.

Il a fini par remarquer mon manège et, profitant d'un bruit, au-dehors, qui a fait tourner sa tête à maître Médard, je lui ai passé le bout de papier que j'avais tiré de ma poche. La lettre était de mon frère Savinien qui m'annonçait s'être engagé dans la compagnie[1] de Monsieur Carbon de Casteljaloux et qui m'adressait, copiés sur une page à part, certains vers d'un ami à lui – un certain Paul Scarron – propres, écrivait-il, à m'amuser.

Jean-Baptiste a lu :

« ... Cependant la Didon se pique
De son hôte, c'en est épique !
Elle lui fait mille questions,
(C'était une grosse dondon,
Grasse, vigoureuse, bien saine,
Un peu camuse, à l'africaine,
Fort agréable sinon belle).
"Mais plutôt, cher Monsieur, dit-elle,
Racontez-nous de bout en bout
Comme quoi se passa le tout".
Le brave seigneur, pour se taire,
Eût bien donné sa bourse entière.
"O mon Dieu ! la fâcheuse chose

1. Plus connue comme la compagnie des Cadets de Gascogne.

Que votre majesté m'impose !
C'est justement m'égratigner
Un endroit qu'on fera saigner.
Didon dit : "Vous avez beau dire ;
Haranguez vitement, beau sire,.
Sans tant tourner autour du pot." »

J'ai vu son visage jusqu'alors grave s'éclairer. Un sourire est né sur ses lèvres, s'est agrandi peu à peu, jusqu'au moment où il a éclaté en rire sonore. Le Médard s'est interrompu. Jean-Baptiste s'esclaffait tandis que d'autres à ses côtés, pris par l'exemple, rigolaient sous cape. Je n'osais même pas sourire tant je redoutais les conséquences de ce que j'avais déclenché.

Maître Médard a demandé, en latin car il n'était permis, dans l'enceinte du collège, de ne parler qu'en latin :

— Quel est, je vous prie, monsieur Poquelin, le motif d'une exhilarité aussi débridée ?

Jean-Baptiste a retrouvé un semblant de calme pour expliquer, en latin lui aussi puisque c'était la règle :

— C'est à cause du nom, Didon ! Il m'a inspiré un vers octosyllabique qui m'a amusé : *Bibo, Dido, pipo, vivo*[1] !

En l'entendant, maître Médard a retroussé haut le nez ce qui lui a fait exécuter une affreuse grimace. Tous nos camarades étaient courbés en deux de rire

1. Littéralement : Je bois, Didon, je piaule, je vis.

et, moi-même, je commençais à me laisser gagner par l'hilarité ambiante.

Le Médard a répété sur un ton désolé :

— *Bibo, Dido, pipo, vivo...* Hum ! cela n'a pas de sens !

Puis, comme il n'était pas né avec la dernière pluie :

— Apportez-moi plutôt cette feuille de papier que vous lisiez et qui a provoqué votre rire, a-t-il ajouté.

L'injonction était sans réplique. Jean-Baptiste s'est exécuté. Le Médard a parcouru mon extrait de lettre jusqu'au bout sans qu'aucune émotion vienne se peindre sur son visage. Il l'a ensuite rendue à Jean-Baptiste en disant avec mépris :

— Pas bon du tout ! Je suppose que c'est votre œuvre !

— Non, monsieur, ce n'est pas de moi !

— Voire ! Serait-ce que vous n'avez pas le courage de soutenir vos écrits ? a suggéré perfidement le Médard.

J'ignore s'il croyait réellement que les vers étaient de Jean-Baptiste. Je pense qu'il usait de ce moyen pour tirer vengeance de l'interruption et de la satire, qu'il prenait toutes deux comme une offense personnelle. J'ai vu que Jean-Baptiste bouillait de colère. J'ai frémi en songeant qu'il allait lâcher quelque grosse insolence qui lui vaudrait des ennuis avec l'administration du collège. Maître Médard ne lui a laissé le temps de rien dire :

— Sortez, monsieur ! a-t-il ordonné. Que votre vue n'offense plus mes yeux !

Jean-Baptiste ne se l'est pas fait répéter.

Je l'ai revu le soir, au sortir du collège. Il m'attendait.

— Tiens, Justin ! a-t-il lancé dès qu'il m'a vu. Lis un peu ce que je suis venu lui apporter, au Médard.

J'ai lu :

« Cependant la reine Didon
Perdait sa face de dondon
Pour prendre celle d'une étique,
Tant amour forcené la pique.
Tantôt d'Énée le grand mérite
Fait sa poitrine une marmite
Que fait brûler bûche et tison,
Et tantôt la démangeaison
Pour ce ravissant personnage
Donne l'assaut à son veuvage.
Lors, Didon, jadis toute glace,
Impuissante à tenir en place
Coupe court à tous les discours,
S'attife de ses habits courts
Et d'une coiffe parfumée
Pour promener son bien aimé.
Comme une cane sans sa tête
Tombée la veille d'une fête
Sous les assauts d'un coutelas
Et qui court sans voir où elle va,
Elle arpente en tous sens la ville,

Le quartier noble et le servile,
Traînant son Énée après elle
Dans les coins de la citadelle. »

Au bout de ses vers, j'étais partagé entre rire et inquiétude.

— Tu veux vraiment lui donner ça ? ai-je demandé.

— Et comment ! Ça, comme tu dis, au moins, c'est de moi !

Je l'ai vu tendre le billet au gardien et lui expliquer à qui il fallait le remettre. Je l'ai regardé ensuite descendre la rue Saint-Jacques d'un pas vif. Il était très content de lui.

Nous n'avons pas eu classe les jours suivants à cause de la naissance du Dauphin Louis Dieudonné. Tout Paris était en fête et les collèges sont restés porte close. Puis, ce congé fini, quand il a fallu revenir à nos humanités, s'est présenté, en place de Médard, un jeune père rasé de près et sentant la lavande.

— Votre bon maître, le père Médard, est souffrant, a-t-il annoncé. Je vais le remplacer tant qu'il sera absent.

J'ai soufflé à Jean-Baptiste :

— Le malheureux ! Tu l'auras tué net avec tes vers !

Sa réaction n'a pas été celle que je prévoyais. J'attendais des rires, j'ai eu des sourcils froncés et une mine grave. Il m'avait cru et se sentait coupable, au point que j'ai dû le rassurer.

— Tu n'y es pour rien ! Je plaisantais.

Le sourire lui est vite revenu.

— Il me semblait qu'on ne meurt pas de ce qui est drôle.

— Drôle ? Tu le dis ! Le Médard n'a sûrement pas ri. Il a dû être peiné que tu te moques de ce qu'il met au-dessus de tout.

— Es-tu naïf, Justin ! Il n'aime pas Virgile ! Pas plus qu'aucun des auteurs anciens dont il nous tanne les oreilles. Il affecte juste de les apprécier comme on lui a appris à le faire.

— Comment peux-tu en être aussi certain ?

— Parce qu'il rirait des imitations burlesques s'il aimait les originaux. Parce qu'il comprendrait que je les apprécie. Pour se moquer, vois-tu, il faut aimer ce dont on veut faire rire !

Maître Médard n'en est pas mort. Il a même continué, des années durant, à distiller Virgile dans de jeunes oreilles. Pas dans les miennes, cependant. Les finances paternelles ne nous permettant plus la vie parisienne, j'ai dû partir vivre chez un oncle, à Luçon. De trois interminables années je n'ai pas vu Jean-Baptiste ni les amis, ni le Pont-Neuf, ni la place Royale.

Puis, mon frère Savinien est rentré à Paris. Je suis revenu m'établir avec lui au collège de Lisieux, rue Saint-Étienne-des-Grès. Le lendemain de mon arrivée, j'ai passé la soirée avec Jean-Baptiste. Au moment de nous séparer, je lui ai demandé :

— Tu rentres directement rue des Étuves ?

— Non ! Je n'habite plus là... Pour le moment.

— Tu es fâché avec ton père ? ai-je demandé.

— Pas du tout. Seulement, en ce moment, je suis à... Orléans. Officiellement du moins. Je ne peux pas rentrer à la maison.

Je comprenais de moins en moins.

— J'y fais des études, vois-tu. Une licence !

— Alors tu ne veux pas être tapissier du roi ?

— Tu le voudrais, toi ?

Je n'ai pas su que lui répondre. Je n'y avais jamais pensé et du reste la question ne se posait pas. Il a poursuivi :

— J'étudie le droit. Pour faire plaisir à mon père. Il parle de m'acheter une charge et rêve qu'on m'appelle « de » Poquelin.

— Et toi ? Tu veux devenir magistrat ?

— Tu me vois en robin ? En fait, du « de », je m'en soucie comme d'une guigne. Ce que je veux, Justin...

Il s'est fait solennel et, sur le pavé crotté de cette ruelle envahie de nuit, ses paroles ont sonné de façon grandiose.

— Je veux dire ce que j'ai à dire.

Du coup, je l'ai vu au moins philosophe. J'ai suggéré :

— Tu veux écrire, alors ?

— Écrire ou dire, simplement. Imagine, Justin, une scène, des flambeaux, un texte dans ma bouche et des gens, avec des oreilles et un cœur pour m'écouter... Cela m'irait !

Quand je suis rentré, ce soir-là, Savinien était au

logis. À la lueur d'une chandelle, il écrivait. Il a salué mon entrée d'un :

— Alors ? Tu as vu Jean-Baptiste ?

— Oui ! Imagine-toi qu'il s'est mis en tête de...

J'ai vu qu'il ne m'écoutait pas. La plume grinçait sur le papier. J'ai attendu qu'il relève la tête pour demander :

— Qu'écris-tu ?

— Une comédie !

Décidément, j'étais cerné. J'ai juste constaté :

— Ah ! Toi aussi, alors !

Et comme il ne relevait pas, je me suis couché.

*

Je tiens la déposition de Justin de Cyrano pour suspecte. Certains biographes affirment que mon père a été élève chez les jésuites du collège de Clermont, d'autres certifient le contraire. Je pense que c'est vrai. Je crois aussi volontiers qu'il n'y fut pas un élève assidu.

Le récit de Cyrano m'apparaît douteux, quand il fait état du Virgile Travesti *de Paul Scarron. Le livre a paru seulement à partir de 1648 même si Scarron a pu en commencer la rédaction bien plus tôt. En réalité, Justin de Cyrano était un farceur. Je le soupçonne d'avoir inventé cette histoire de toutes pièces. Il était d'une famille où on exagérait comme on respirait. Il est probable aussi que c'est lui qui a répandu la rumeur selon laquelle mon père et monseigneur de Conti étaient amis au collège. Cela aurait expliqué que le prince ait reçu le comédien à bras ouverts dans ce Languedoc dont il était gouverneur.*

La différence d'âge fait que les deux ne se sont sûrement même pas croisés rue Saint-Jacques. Et si ce fut le cas, ce fut de loin. Le prince ne recevait pas le même traitement que les élèves ordinaires et avait droit à des cours particuliers.

Un mot sur la comédie de Savinien de Cyrano. Elle s'appelait Le Pédant Joué *. Elle fut représentée en 1646 avec succès et imprimée en 1654, un an avant la mort de son auteur. Mon père s'en est inspiré pour* Les Fourberies de Scapin. *Il considérait Cyrano comme un des grands maîtres de la langue française et je partage entièrement son jugement.*

Partie deux :
les années de vocation

[illegible]

[illegible] déba-
[illegible] qu'il
[illegible]

[illegible]

[illegible] qu'il me
[illegible]

Déposition de Margot Delval-Pol, comédienne, autrefois débutante dans la troupe du Marais.

Je l'ai remarqué le soir où nous avons joué *La Mort de Pompée* pour la troisième fois, quand j'ai fait mon entrée, au deuxième acte. Il était debout, au premier rang, tout à l'extrémité de la scène, ce qui est devenu sa place habituelle, tantôt d'un côté, tantôt de l'autre. J'ignore s'il était déjà là avant que je le repère ; je débutais, et j'étais si pleine d'appréhension en scène qu'il m'a fallu trois soirs avant de pouvoir regarder le public. J'ai pensé que oui, qu'il était venu aux deux premières, quand j'ai constaté qu'il était là chaque fois que nous jouions.

Un soir, il a fait son entrée en même temps que moi, au début de l'acte II. Il était tout hors d'haleine, les cheveux ruisselants de pluie. En lançant ma première réplique :

« Quoi ! Vous aimez César, et si vous étiez crue,
L'Égypte pour Pompée armerait à sa vue,... »

j'ai tourné la tête vers lui et j'ai constaté qu'il me souriait.

Cette hâte pour arriver avant que Charmion ne paraisse – Charmion était le nom de mon rôle, la suivante de Cléopâtre – m'a mis la puce à l'oreille. J'ai commencé à m'interroger : vient-il pour *Pompée,* pour Charmion ou, plutôt, pour Margot ?

Histoire d'en avoir le cœur net, j'ai interrogé la Floridor qui jouait le rôle de Cléopâtre.

— Un brunet, avec de longues boucles et une ombre au-dessus de la lèvre !

— Je ne vois pas.

— Un avec de grands yeux couleur de noisette qui me fixe !

— Ah ! te voici embéguinée ! Mais je vois pas qui c'est !

— Un qui se place toujours tout à droite ou tout à gauche de la scène, qui ne se tient pas sans bouger, qui se parle sans cesse, qui passe sans répit d'une jambe sur l'autre au point que je me demande s'il ne va pas sauter sur scène avec nous.

— Le biau galant que tu as là ! Je te préviens, s'il saute, je crie et je me défends. L'épée de César ne restera pas sans servir !

— En même temps, il a l'air doux, et aussi brûlé de passion !

— Voilà une amour qui sent la rôtissoire. Mais je ne vois toujours pas qui tu veux dire.

La Floridor a promis d'observer et de donner son opinion.

— Et dites-moi aussi s'il arrive pour le premier acte ou s'il vient seulement pour le second. Cela me sera un indice.

Le lendemain soir, j'aurais voulu l'interroger quand nous sommes sorties ensemble, après la scène trois du deuxième acte, mais je n'ai pas eu le temps de lui parler car je devais rentrer pour la scène une du troisième acte qui se jouait sans coupure après le précédent. J'ai attendu la scène deux, quand presque tous les autres ont été en scène, pour lui demander :

— Alors ? L'avez-vous vu, et observé ?

— Alors ? Il n'est pas mal de sa personne et il me fait l'effet d'être bougrement emberlucoqué, m'a répondu la Floridor. Sache tout de même qu'il était là dès avant le début de la pièce. Et s'il est vrai qu'il te scrute quand tu te tiens en scène...

Son ton mi-chèvre mi-chou ne me plaisait guère et, comme je sentais venir une perfidie, je l'ai coupée :

— Ça pour me scruter, il me scrute ! À moins d'apporter une lunette, il ne pourrait pas plus !

— Seulement, ma fille ! il nous regarde tous autant que toi !

— Tous ! Que voulez-vous dire ?

— Tous les autres ! Moi, Floridor, L'Espy, Beauparc, la vieille Elizabeth même...

Ses propos m'ont ébranlée. Et irritée. Il me fallait en avoir le cœur net. Des galants, j'en avais abondance, n'étant ni contrefaite ni déplaisante à considérer. Il se serait déclaré en venant m'attendre à la porte de derrière par où nous sortions après le spectacle ou en me faisant remettre un poulet[1], je l'aurais peut-être même éconduit. Mais là, il piquait ma curiosité et, depuis que j'avais entendu la Floridor, ma fierté.

1. Billet galant.

Quand je suis retournée en scène, à la scène deux de l'acte quatre, je me suis postée non loin de lui, de façon à bien l'observer. Il ne m'était guère difficile, du reste, de me concentrer sur son visage car j'avais à demeurer visible jusqu'à la fin de l'acte mais sans mot dire. Monsieur Corneille m'avait réduite à faire pleinement la suivante de Cléopâtre : où qu'elle aille sur scène, j'étais censée lui emboîter le pas... et me taire !

Ce soir-là, la Floridor a couru où elle a voulu mais sans moi à ses trousses. Et j'ai constaté qu'elle n'avait pas tort : mon soupirant, ou que j'avais cru tel, tenait son regard posé sur qui parlait. J'ai même soupçonné, à le voir marmotter, qu'il disait les vers en même temps que les comédiens.

Dans l'acte cinq aussi, j'étais en scène mais je ne parlais pas. Je me suis éclipsée à la fin de la scène quatre et je me suis changée. Jamais, je crois, je n'ai ôté mes attifiaux de scène ni passé mes vêtements ordinaires aussi vite que ce soir-là. Je me suis vaguement débarbouillée et j'ai couru pour sortir par derrière et rentrer par l'entrée du public, rue Vieille-du-Temple.

Je suis arrivée à côté de lui, un peu hors d'haleine, au moment où César claironnait :

« Cependant qu'à l'envi ma suite et votre cour
Préparent pour demain la pompe d'un beau jour,
Où, dans un digne emploi l'une et l'autre occupée,
Couronne Cléopâtre et m'apaise Pompée,
Élève à l'une un trône, à l'autre des autels,
Et jure à tous les deux des respects immortels. »

J'ai profité du temps des applaudissements et des saluts pour retrouver mon souffle. Un silence relatif est revenu, puis la salle s'est vidée du public.

Nous nous sommes retrouvés seuls. Il ne m'avait pas vue. Il restait à contempler la scène désormais déserte et obscure.

J'ai dit sur un ton détaché :

— Bonsoir !

Ce qui, à la réflexion, manque d'originalité.

Il a sursauté, m'a dévisagée comme s'il jugeait impossible que ce fût moi qui me tienne auprès de lui. Doutant s'il me reconnaissait ou pas, j'ai précisé :

— Je suis...

— Je sais, Charmion !

— Margot Delval-Pol, votre servante.

Vu de près, il était beaucoup mieux que de loin. Et, peut-être à cause de la surprise, où de l'embarras dans lequel je le mettais – sur l'instant, il m'a fait l'effet d'être timide – il demeurait tout à fait immobile, ce qui était assez rassurant.

Me payant d'audace car je l'ai deviné capable de rester planté là encore un long moment, j'ai proposé :

— Voulez-vous que nous fassions un tour ? Je pourrais vous autoriser à me reconduire... Je demeure chez ma mère, sur le quai Saint-Paul.

Il a mis du temps à réagir. Quelque chose le retenait.

— Oui, a-t-il dit sans paraître vouloir bouger ni pied ni patte.

Puis il s'est lancé :

— Je me demandais... tant que je vous tiens...

« Tu me tiens ? Mon beau gaillard, c'est ce que tu penses ! » ai-je songé par-devers moi.

— ... Peut-être accepteriez-vous... si Floridor y consent...

« Parce que tu t'imagines que, pour ce que tu as derrière la tête, il y a besoin de la bénédiction de Floridor ! ».

— J'aime beaucoup ce que vous faites, voyez-vous...

— Restons-en là des compliments et partons ! ai-je dit en le tirant par le bras.

Les domestiques avaient descendu les lustres et mouchaient les chandelles. La salle était déjà dans la pénombre.

— Si vous acceptiez de me faire connaître monsieur Floridor, a-t-il murmuré. Quand j'ai dit que j'aimais ce que vous faites, je voulais parler de votre métier !

« C'était donc cela que tu avais derrière la tête », ai-je pensé.

Et dès lors, tout s'est éclairé dans mon esprit, son assiduité, son impatience, le marmonnement, l'observation intense dont mes camarades et moi étions l'objet...

— Je ne sais pas s'il n'est pas déjà parti. Allons voir ! Viens, suis-moi ! ai-je répondu en grimpant sur la scène.

J'étais à la fois déçue et soulagée.

Nous n'avons pas trouvé Floridor et Jean-Baptiste – il a fini par se présenter quand nous nous sommes trouvés dans les loges vides – m'a raccompagnée chez moi.

Il ne m'a jamais fallu aussi longtemps pour rallier la rue Vieille-du-Temple depuis le quai Saint Paul où je demeurais alors. Parce qu'en le jugeant réservé et taciturne, je m'étais trompée sur son compte. Tout au long du chemin, il n'a pas cessé de parler, et parler. Il m'a dit qu'il avait déjà joué plusieurs pièces, avec des amis à lui, des voisins, dont certains étaient presque des comédiens professionnels. Il m'a dit que jouer, c'était ce qu'il aimait le mieux dans la vie. Il m'a dit qu'il avait réussi à convaincre son père de ne pas le forcer à devenir tapissier du roi, qu'il avait abandonné sa charge à ses frères. Il m'a dit qu'il avait une licence en droit qui lui servait à caler un fauteuil qu'il avait hérité de son grand-père et qui était bancal.

— Pas le grand-père, le fauteuil, a-t-il précisé en riant.

Il m'a dit qu'il allait réaliser une partie de son héritage pour pouvoir se lancer à son aise dans le théâtre. Il m'a dit qu'il allait avoir vingt-et-un ans dans quelque chose comme cinq semaines et qu'il voulait jouer Rodrigue, Polyeucte, Horace, Cinna...

Je l'écoutais en riant et avec plaisir. Il était drôle, si plein de vie et d'énergie, tellement convaincu. En même temps, il me faisait de la peine et je ne savais pas comment lui dire qu'avec ses difficultés d'élocution, son bafouillage, il ne pourrait pas jouer les héros de monsieur Corneille.

Nous descendions la rue du Petit-Musc après avoir traversé, pour le plaisir du coup d'œil, la place Royale. Il faisait doux quoique nous fussions à trois semaines de Noël. Je l'écoutais plus distraitement car la tristesse me gagnait. Comment lui annoncer, sans lui briser le cœur, que je ne le présenterais pas à Floridor, que cela n'en valait même pas la peine parce qu'on ne peut pas dire en scène : « À moi, c... comte, deux mots » ni non plus « Moi, seigneur ! Moi, q...que j' eusse une âme si t... traîtresse » ni même « À quoi bon me d... défendre ? Vous savez l'action, v... vous la venez d'entendre » ? Comment faire comprendre à Jean-Baptiste qui rayonnait de joie en déroulant ses projets, ses rêves, ses triomphes à venir, qu'il ne serait jamais comédien ?

Nous avons débouché sur le quai. La Seine, grosse des pluies d'automne, grondait. Presque à l'aplomb de nos têtes, une lune aux trois-quarts ronde, très brillante quoique jaune, faisait sortir de l'ombre des piles de marchandises aux contours indécis fraîchement déchargées des péniches.

— Tu sais, Jean-Baptiste, ai-je commencé, mal à mon aise, pour jouer la tragédie il faut...

Il m'a interrompue :

— Pour jouer la tragédie il faut une scène, un texte et de l'allant ! Attends !

Il a grimpé prestement sur un tas de planches à peu près haut comme lui et, sur cette scène improvisée, dans la lueur incertaine de la lune, il a mis à bas son manteau pour commencer, en gilet et en bras de chemise :

« Source délicieuse, en misères féconde,
Que voulez-vous de moi, flatteuses voluptés ?
Honteux attachements de la chair et du monde,
Que ne me quittez-vous, quand je vous ai quittés ?
Allez, honneurs, plaisirs, qui me livrez la guerre :
Toute votre félicité,
Sujette à l'instabilité,
En moins de rien tombe par terre,
Et comme elle a l'éclat du verre,
Elle en a la fragilité. [...] »

J'étais bouche bée. Il est allé jusqu'au bout des stances puis s'est assis sur le bord du tas de planches, les jambes ballantes.

— Alors ? m'a-t-il demandé.

Je ne savais que répondre. J'étais très émue en même temps que de plus en plus mal à l'aise. J'ai fini par lui dire :

— Mais, ce n'est pas ainsi que l'on joue la tragédie. Tu fais parler ce pauvre Polyeucte comme nous causons, toi et moi.

— Est-ce si grave ?

— Mais cela ne se fait pas ainsi !

— Et s'il me plaisait à moi, de faire ainsi ?

— Floridor ne voudrait pas de toi ! Ni personne d'autre ! Et le public encore moins !

— Floridor, a-t-il dit en se relevant. Floridor...

Il s'est mis à arpenter le tas de planches en reproduisant les attitudes, les mimiques, les positions, les gestes, les tics de mon chef de troupe. C'était criant de ressemblance quoique exagéré. Et tout en continuant de le singer, il s'est mis à beugler la dernière scène du Pompée :

« Reine, ces vains projets sont le seul avantage
Qu'un grand cœur impuissant a du ciel en partage :
Comme il a peu de force, il a beaucoup de soins ;
Et, s'il pouvait plus faire, il souhaiterait moins. »

Il roulait les « r » deux fois plus longtemps qu'il n'était convenable, ouvrait une bouche aussi grande qu'un four pour lancer des « a » qui n'en finissaient pas de chevroter, marquait les césures d'un silence démesuré, bref faisait tout ce qu'il faut faire pour bien jouer mais en le poussant à un tel extrême que je ne pouvais pas m'empêcher d'en rire aux larmes.

Après Floridor, il a mimé sa femme, en roucoulant d'une voix de tête absolument irrésistible :

« Les princes ont cela de leur haute naissance ;
Leur âme dans leur sang prend des impressions
Qui dessous leur vertu rangent leurs passions ; »

Il a fait sonner les liaisons et les diérèses de façon si cocasse que j'ai cru étouffer tant l'air me manquait à force de rire.

Il a regagné le pavé, s'est venu à moi. Ses yeux

brillaient comme des flambeaux. Je l'ai pris dans mes bras, l'ai attiré contre moi et, avant d'abandonner mes lèvres aux siennes :

— Je ne crois pas que tu seras jamais tragédien, lui ai-je dit. Mais si tu te mêles de vouloir faire rire les gens...

Je me rappelle qu'il ne m'a pas laissé finir la phrase.

*

La Mort de Pompée a été créée au théâtre du Marais en décembre 1642. C'était l'époque où ce théâtre, grâce aux pièces de Corneille, était plus florissant que son grand rival, pourtant soutenu par le pouvoir royal, l'hôtel de Bourgogne.

On a beaucoup parlé des difficultés d'élocution de mon père. Il semble que, quand il était jeune, il avait un débit très rapide ce qui l'amenait souvent à s'embrouiller et à bafouiller. Il a su tirer parti de ses difficultés pour obtenir sur scène, un effet comique tout à fait irrésistible.

Le témoignage de Margot Delval-Pol me donne à penser que Molière a toujours possédé un don unique pour improviser et être drôle. Il raffolait d'imiter les gens, et le faisait très volontiers pour m'amuser. Du reste, son talent de comédien comique, personne, ou à peu près, ne l'a contesté. On a beaucoup discuté, en revanche, ses aptitudes à jouer la tragédie. Il me semble que l'analyse de son jeu faite dans ce témoignage est assez juste : il voulait plus de naturel dans la diction et pensait pouvoir faire parler Auguste ou Horace avec moins d'affectation et de grandiloquence que ses illustres collègues du moment. Seulement ce qui était admis pour la comédie choquait les amateurs de tragique qui aspiraient au sublime. Dans ce domaine il a simplement été en avance sur son temps.

Déposition de Matthieu Vergne, dit Petit-Matthieu, clerc à l'étude de maître B, notaire royal, à Paris, rue des Francs-Bourgeois.*

Je n'imaginais pas, quand mon père m'a donné à choisir entre l'état ecclésiastique et le droit, à quel point la vie d'un officier ministériel pouvait être monotone. Un tabellion bien établi jouit de compensations. En particulier, il voit le premier les belles affaires à réaliser sur le dos des nigauds et vous dépouille un héritier naïf comme un cuisinier pèle un garenne. En sorte que s'il commence maigre dans le métier, il finit gras, et nanti en espèces, rentes, meubles, immeubles et biens divers. L'ennui c'est que je ne suis ni notaire ni garde-notes. À l'heure du choix dont j'ai parlé, j'ai certes penché pour le notariat. Seulement la faible fortune paternelle – je suis fils d'un marchand de vin de la rue Quincampoix, – ne m'a pas autorisé les études qui m'auraient permis d'en prendre une, d'étude, à mon compte. J'étais petit clerc et vous m'auriez trouvé, chez maître B***, dans un réduit sous l'escalier prenant jour sur la rue du Puits par un mauvais fenestron.

Contrat par-ci ! Contrat par-là ! telle était ma routine. Contrat de mariage, préciput conventionnel, communauté réduite aux acquêts, régime dotal, séparation de biens... Testament, donation, legs, avancement d'hoirie, liquidation, partage, indivision, renonciation, saisine… Voilà toute la belle poésie qui me tintait aux oreilles tout au long des journées !

En parlant de contrat, une fois, du moins, me suis-je bien amusé. C'était… C'était l'année où son éminence le cardinal est mort… Non, l'année suivante, plutôt, celle où Louis le Juste est mort. Il y avait du reste un peu lus d'un mois qu'on l'avait enterré, quand maître B*** m'a demandé de l'accompagner pour une signature de contrat chez un particulier. Vous pensez si j'ai suivi avant qu'il ne change d'avis : ce n'était pas si souvent qu'il me sortait de ma cage. Il s'est agi d'aller à deux pas de l'étude, rue de la Perle, chez une certaine Marie Hervé, veuve Béjart.

Ce nom, Béjart, me disait quelque chose car un Joseph Béjart avait régulièrement fréquenté chez mon père même s'il avait souvent déménagé ici et là dans le quartier.

« Mais des Béjart, il y en a plus d'un de par le monde », songeais-je en entrant chez ladite veuve, maîtresse lingère de son état. Eh bien ! il fallait croire que non, puisqu'au premier coup d'œil j'ai reconnu Joseph, l'aîné de ses fils. Bien qu'il fût de deux ans mon aîné, nous avions souvent rôdé, désœuvrés, carrefour du Trahoir ou aux Innocents. Il ne m'a pas remis, mon habit noir et ma dignité me rendant méconnaissable.

Il était l'un des instigateurs de ce papier à faire signer qui nous avait amenés, un contrat de société, en fait, que passaient entre elles dix personnes toutes présentes dans la salle haute de la veuve Béjart où on se bousculait joyeusement.

Assis dans un fauteuil, maître B*** est parvenu à obtenir un semblant de silence pour donner lecture du document de sa voix qui me fait toujours penser à un chat qui éternue :

— ... Les soussignés s'unissent et se lient ensemble pour l'exercice de la comédie à fin de conservation de leur troupe sous le titre de l'Illustre Théâtre...

L'Illustre Théâtre ! Le nom m'a frappé. Je l'ai trouvé bien choisi ! En fermant les yeux, j'imaginais la fièvre du public, les applaudissements, et les pistoles tombant dru dans la caisse !

Ont suivi des clauses que j'ai plus ou moins oubliées et qui portaient sur des dédommagements à verser au cas où l'un des signataires ferait défaut, et sur la cuisine interne de la troupe. Je me rappelle que le notaire a, pour ainsi dire, éternué ceci :

— La distribution des rôles aura lieu selon un accord conclu entre Clérin, Poquelin et Joseph Béjart, qui doivent choisir alternativement les héros, sans préjudice de la prérogative que les susdits accordent à Madeleine Béjart de choisir le rôle qui lui plaira.

Cette phrase, je l'ai retenue car elle m'a fait sursauter. Poquelin, je connaissais ça ! Et Madeleine, donc !

Madeleine ! Je l'ai dévorée du regard quand, tout sourire dehors, elle est venue à la table pour signer le contrat. Je l'avais remarquée en arrivant – grâce au ciel, je ne suis pas aveugle ni insensible à la beauté !

– et je l'avais admirée autant qu'elle le méritait. Mais comment, sous cette superbe et fière jeune femme à la chevelure flamboyante, aurais-je pu déceler la malingre Madelon de naguère, qui ressemblait à une arête de hareng et dont nous nous moquions souvent ?

Et Poquelin ! C'était bien lui ! Le Jean-Baptiste, que j'avais si souvent mouché d'un revers de manche quand il était haut comme deux pommes – et moi, comme deux et demie !

« Ainsi, ai-je songé, l'aîné Poquelin se fait comédien et délaisse la boutique paternelle ! Tétiguieu ! il a dû y en avoir, du charivari, du côté de la rue des Étuves, quand Jean-Baptiste a annoncé, la bouche en cœur : "Papa, je vais monter sur scène et faire du théâtre au lieu de prendre ta succession comme tu l'espérais !" »

Je connaissais mal le père Poquelin qui avait la réputation d'être un brave homme mais qui était très fier, aussi, de sa charge de tapissier du roi. Pour lui, le choc avait dû être rude.

De fait, le document qu'avait lu maître B*** signalait que Jean-Baptiste logeait rue Thorigny. C'était le signe que le père avait jeté le rejeton dehors bien qu'il fût encore mineur – Jean-Baptiste avait vingt-et-un ans et demi et non les vingt-cinq de la majorité. Et sans doute, l'expulsion s'était-elle faite avec fracas, après que l'héritage s'était envolé ! Ce qui, soit dit en passant, ne semblait pas beaucoup préoccuper Jean-Baptiste.

Dès que la séance de signatures s'est terminée, alors

que la veuve Béjart sortait la goutte, je me suis rapproché de lui et, par la même occasion, de Madeleine.

— Matthieu Vergne ! ai-je dit. Tu me reconnais, non ?

Je m'adressais à lui en la regardant elle.

Ils m'ont fait bon accueil même si Madeleine m'a battu un peu froid, m'a-t-il semblé. Elle n'était pas fille à oublier, pas même les sottises lancées par un gamin. Ils ont appelé Joseph :

— Tu te souviens de Petit-Matthieu ?

Il m'a serré fortement les mains et s'est mis à évoquer le passé. C'est de lui que j'avais été le plus familier. Pendant qu'il parlait, Jean-Baptiste et Madeleine sont partis. J'ai demandé :

— Madeleine et Jean-Baptiste ?

— Ils habitent tout à côté, la première maison de la rue Thorigny, celle après l'angle. Il te faudra passer les voir !

J'ai pensé que cela n'en vaudrait pas la peine mais je ne l'ai pas dit. Quand j'ai quitté la maison, Joseph m'a soufflé à l'oreille de façon à ce que maître B*** n'entende pas :

— Quand nous jouerons, ce sera gratuit pour toi, bien sûr !

Il y avait beaucoup le soleil dans la rue. Il faisait chaud mais l'air était transparent. J'ai réintégré mon réduit sous l'escalier ne soupirant. En me rasseyant devant mon écritoire, je les enviais. Les minutes, les grosses, les rentes et les emprunts, rien au monde en me paraissait plus haïssable quand je savais qu'ils allaient paraître en costumes au regard du public. Jamais ma vie ne m'a semblé aussi grise, triste et morne que ce dernier soir de juin 1643, alors que dans le maigre rectangle de mon fenestron, le soleil déclinant éclaboussait d'or le mur d'en face.

Je m'empresse de dire que je ne les ai pas jalousés très longtemps. Mon envie a passé dès que je suis allé les voir jouer, à la fin février de l'année suivante.

Ils étaient installés au jeu de paume des Métayers, une vaste salle qu'ils avaient fait réaménager à grands frais et où l'on entrait par la rue de Seine. Quand je dis vaste, je devrais plutôt dire immense eu égard au petit nombre qui étions présents. La pièce dont j'ai oublié le titre – je sais qu'y figurait le mot saint – était une tragédie longue et très ennuyeuse. À dire vrai, j'ignore si elle était plus longue et plus ennuyeuse que ne le sont d'habitude les tragédies car je n'en avais encore jamais vu. J'en ai vu une seule autre par la suite, qui m'a tout autant assommé.

C'était, cette fois-là, au jeu de paume de la Croix-Noire, près du port Saint-Paul, où l'Illustre Théâtre avait déménagé. La salle était encore plus vaste, bien aménagée et un peu mieux garnie. Pourtant l'humeur des comédiens, quand je suis allé les féliciter, après le spectacle, semblait beaucoup laisser à désirer.

À ma question :

— Les affaires vont-elles comme vous le voulez ?

Joseph a répondu très simplement :

— Hélas ! mon ami, nous sommes au bord de la banqueroute. Figure-toi que, pour venir ici, nous avons dû emprunter. Et pour aménager la salle, itou. Nous nous sommes mis entre les mains d'aigrefins qui, à moins d'un miracle, ne tarderont pas à avoir notre peau. Parce qu'en même temps, les recettes... hé bien ! elles ne sont pas exactement ce que nous escomptions. C'est à peine si elles couvrent les frais courants, vois-tu ?

L'éternelle rengaine ! En outre, on venait de découvrir que la maison de sa mère, rue de la Perle, qui jusqu'alors avait garanti les dettes, ne lui appartenait pas, en réalité. La veuve Béjart ne possédait rien. Du coup, les débiteurs se faisaient pressants.

Que pouvais-je faire, à part poser la main sur l'épaule de Joseph et l'assurer que le public allait finir par venir en masse, que la recette paierait aussi les dettes et que tout finirait par s'arranger ? Bien sûr, je n'en croyais pas un traître mot. Pas plus que lui qui m'a tout de même raccompagné jusqu'à l'angle du couvent de l'Ave Maria avant de me saluer d'un sinistre :

— Porte-toi bien ! Qui sait quand nous nous reverrons ?

En m'allongeant sur ma paillasse, dans ma soupente, quand j'ai soufflé la bougie, je me suis dit que, tout bien pesé, ma petite vie sans piquant mais sans risque valait peut-être autant que celle de mes trop enthousiastes amis. Quoiqu'on fût au début du printemps, il soufflait sur Paris un vilain petit vent aigre qui vous perçait jusqu'à l'os, et je me suis endormi en songeant qu'il devait faire mauvais, par un temps pareil, de n'avoir ni feu ni chandelle...

J'ai appris par la suite – les nouvelles vont si vite dans nos métiers ! – que Jean-Baptiste a tâté de la prison. Quelques jours seulement, les premiers du mois d'août de cette même année 1645, qu'il a passés au Châtelet. Il en est vite ressorti, à ce qu'on m'a dit, ayant trouvé de quoi dédommager les plaignants dans les affaires qui l'avaient mené là – il était en butte à pas moins de quatre prêteurs qui voulaient récupérer leur mise. Il s'est murmuré que la prospérité de papa Poquelin avait rendu patience aux créanciers et suffi à calmer les esprits...

L'Illustre Théâtre y a toutefois laissé des plumes, au propre comme au figuré ; j'ai ouï dire que les comédiens s'étaient trouvés contraints de gager puis de vendre tout ce qu'ils possédaient : costumes, décors et accessoires, y compris les éventails – en plume ! – de la belle Madeleine.

*

Je ne sais pas quand et comment mon père a rencontré les Béjart. Il est probable qu'ils se sont connus tôt parce qu'ils habitaient le même quartier. Au moment où il est mort, le père Béjart, mon grand-père, en était à son dix-huitième logement mais sans avoir jamais quitté le secteur des Halles.

Tout porte à croire qu'une passion commune pour le théâtre les a d'abord incités à jouer ensemble, en amateurs. Puis ils ont décidé de franchir le pas en fondant une troupe professionnelle. Madeleine Béjart avait quatre ans de plus que mon père. Elle fréquentait du beau monde, était reçue dans les salons à la mode, écrivait des vers, avait paru sur les planches. C'était une belle femme, imposante, cultivée et spirituelle. Rien d'étonnant à ce qu'elle ait séduit mon père qui, dès 1643 et peut-être avant, vivait avec elle.

Certains ont prétendu qu'elle était ma grand-mère et non ma tante. Personne ne m'a jamais rien dit à ce sujet. À la naissance de ma mère, ma grand-mère Marie avait quarante-huit ans. Mais elle avait donné le jour à une autre fille, ma tante Bénigne, seulement deux ans plus tôt. Si bien que j'ai toujours pensé qu'elle était la mère d'Armande.

Des trois Béjart qui ont signé le contrat fondant l'Illustre Théâtre, mon oncle Joseph est mort le premier, en 1659. Je ne l'ai pas connu. Madeleine est morte à son tour, le 17 février 1672. Elle continuait de toucher sa part des recettes de la troupe mais elle ne jouait plus depuis, déjà, sept ou huit ans. Geneviève est morte, elle, en 1675. Elles ont toutes deux accompagné la carrière de mon père à peu près de bout en bout.

Quant à la faillite prématurée de l'Illustre Théâtre, elle n'a pas eu pour cause le manque de talent des comé-

diens mais leur mauvaise gestion. Ils étaient jeunes, enthousiastes. Ils ont vu trop grand, croyant que rien n'était assez beau pour servir de cadre à leur passion. Puis quand les difficultés sont arrivées, ils ont emprunté, mon père surtout, de façon assez imprudente. Certains des créditeurs étaient des escrocs, d'autres de braves et honnêtes gens tel le paveur Jean Aubry dont le fils Jean-Baptiste, a épousé ma tante Geneviève en 1672.

Je dois dire, pour être complète sur le sujet, que toutes les dettes de l'Illustre Théâtre ont finalement été remboursées.

Déposition d'Artémon Lapointe, maître barbier établi rue Royale, dans la bonne ville de Pézenas, en Languedoc.

Nous avions alors en ville un assez méchant personnage qui s'appelait le marquis d'Escarbagnas. Quand je dis en ville, c'est façon de parler car il était venu s'installer une paire d'années plus tôt dans une haute bâtisse située à une demi-lieue des portes et qui manifestait un urgent besoin de travaux.

Ce marquis d'Escarbagnas ne venait que très rarement en ville et c'était tout aussi bien car il faisait peur à voir. C'était un grand pendard maigre comme carême et découplé à la façon d'un os de seiche. Noir charbon de poil et d'œil, il avait une grande balafre blême sur la joue gauche et une lardoire aussi longue qu'un tourne-broche d'auberge pendue au côté. Quand il passait dans les rues sur ses jambes pareilles à des balanciers d'horloge, les enfants se taisaient brusquement, les poules s'enfuyaient en battant des ailes, les chiens hurlaient à la mort.

Il était néanmoins prisé par ce que notre petite ville comptait de gens se prétendant de qualité. D'abord parce qu'on le disait fort riche et de haut lignage. Très imbu de ses prérogatives et à cheval sur le point d'honneur, il ne cessait, en effet, de vouloir passer son épée à travers le ventre de Pierre ou de Paul, ce qui faisait beaucoup d'effet aux vieilles filles. Ensuite parce qu'il ne manquait jamais de donner du « monsieur » et du « madame » comme le bras à ces idiots de Sottenville et de Pourceaugnac, ni de nommer « chevalier » et « comtesse » ce dadais de Georges et cette péronnelle de Lucette, qui avaient dépensé une fortune pour se faire appeler « de la Dandinière » et « de la Souche ».

À cette époque, il m'arrivait de paraître dans la boutique de mon père qui était barbier et qui s'échinait à m'apprendre son métier. Il m'arrivait aussi de ne pas y paraître, surtout quand il faisait beau, que le printemps dispensait ses effluves et ses chants d'oiseaux dans les collines et que mon humeur me poussait à m'y baguenauder plutôt qu'à saigner les mourants. J'avais l'âme plus bucolique que pratique, comme l'avait fait remarquer mon ami Molière une fois que j'étais rentré au logis à la nuit tombée, les cheveux hérissés de brindilles, et que mon père avait tonné, en faisant savoir à tous nos voisins – et peut-être à toute la ville car il avait la voix forte : « Artémon, tu es un bon à rien ! Un bon à rien ! »

Quand il résidait à Pézenas avec la troupe de comédiens, Jean-Baptiste se montrait à la maison tous les jours. Il venait s'asseoir dans un coin de la boutique paternelle et se faisait oublier. Le menton sur le poing, il écoutait. Je me demandais bien quoi car les pratiques de mon père parlaient une langue dont il comprenait un mot sur deux, et encore. Quand je le lui demandais, il me répondait : « Ce que j'écoute, Artémon ? La petite musique ! Ce qui compte, pour un comédien, c'est la musique des personnages. Chacun en a une et elle est la même dans toutes les langues. »

J'approuvais sans comprendre ce qu'il voulait dire.

Je parle de Molière comme d'un ami mais il m'était plutôt un grand frère, avec qui j'aurais accepté sans sourciller de partager l'héritage paternel, c'est dire !

Mais revenons à mon histoire.

Juin avait enfiévré les nuits ; le parfum des roses et des foins qui séchaient s'était mêlé au chant des cigales pour tenir gars et filles éveillés tard le soir. Je les avais entendus rire, devant l'église Saint-Jean. Moi, je ne m'étais pas joint à eux.

L'été, l'automne avaient passé. J'étais malheureux comme les pierres. J'avais renoncé à roder dans les collines, à visiter l'échoppe paternelle. Ma vie n'avait plus de sens et je sentais que si je continuais à me languir d'elle comme je le faisais jour après jour, je serais bientôt bon à coucher au cimetière.

Un soir, peu après la Toussaint, mon père avait rapporté les derniers cèpes de la saison et moi, qui en raffolais, je les avais laissé refroidir dans la poêle sans y toucher. J'ai senti alors que le fond n'était plus loin. Comme tous les soirs, ma mère était au bord des larmes. Mon père me regardait en hochant la tête et sans rien dire, ce qui montre combien la situation était grave.

Je me rappelle qu'alors on a frappé. La porte s'est

ouverte... J'ai vu entrer Jean Baptiste. Il était revenu ! J'étais sauvé ! Avec lui, tout devenait possible !

Pour commencer, je lui ai donné la moitié des champignons.

— Ton père m'a dit que tu n'allais pas bien, a-t-il commencé dès que nous nous sommes retrouvés seuls.

Sur un ton des plus pathétiques, j'ai répondu :

— Je suis amoureux, Jean-Baptiste !

Ce qui lui a fait monter les larmes aux yeux tant il a ri.

— Mais c'est du sérieux, ai-je essayé de protester.

— Aussi sérieux cette fois que toutes les autres ! Et de qui est-on amoureux ? De Marie Daudin, de Louison Sanhet ou de Claudine Lavaud ? Ou des trois à la fois ?

Je lui ai raconté mon histoire d'un bout à l'autre. Les faits étaient simples. Un jour, au début de juin, alors que je vaguais dans les collines, je suis tombé sur une maison inconnue. Dans le jardin clos de cette maison, il y avait une jeune fille. Sur le moment, j'ai cru dur comme fer voir un ange tombé du paradis.

Je me tenais sur une barre rocheuse, un peu en contre-haut, à une cinquantaine de pas d'elle environ. Elle était assise au pied d'un micocoulier, à broder. J'étais pétrifié, écrasé, paniqué.

Elle ne m'a pas vu. Au bout d'un moment, elle est rentrée dans la maison pendant que je restais incapable de bouger. Le soir tombait quand j'ai pu me mettre en chemin, en me cognant aux branches tant je ne savais plus sous quel ciel j'habitais.

Je suis revenu le lendemain. Elle m'a vu et m'a adressé un petit salut de la main auquel j'ai répondu. Nous en sommes restés là. Mais le surlendemain, en sortant de la maison, elle a tout de suite regardé vers l'endroit où je me tenais, le même que la veille. Sentant que je n'étais pas importun, je suis venu près du mur. Sans la voir, car il était haut, j'ai dit :

— La journée est belle.

— Fort belle.

— Quelle nouvelle ?

— Mon petit chat est mort.

— C'est dommage et j'imagine que vous en avez du chagrin.

— Beaucoup, en effet.

— À demeurer toujours ici, ne vous ennuyez-vous pas ?

— Jamais je ne m'ennuie. Je lis, je brode, je couds et puis aussi...

Elle a soupiré.

— Et puis aussi ?

— Je songe...

Elle n'a rien ajouté.

Comprenant qu'elle n'en dirait pas plus, j'ai regagné la barre où je suis demeuré longtemps, à plat ventre sur la pierre dure, à regarder la maison qui l'avait dérobée à ma vue.

Le jour d'après et les trois suivants, nous nous

sommes entretenus de la même façon, par-dessus le mur du jardin, dans l'ombre bleue du micocoulier. Dire de quoi nous avons parlé, j'en suis incapable. J'étais comme dans un rêve.

Je me rappelle que le dernier soir, elle m'a demandé, d'une voix un peu altérée et hésitante :

— Reviendrez-vous demain, cher Artémon ?

— Bien sûr, chère Agnès ! me suis-je écrié. Tous les jours ! sauf si vous me l'interdisiez.

— Vous l'interdire ! Oh non ! Bien au contraire. Si vous ne veniez pas, j'en serais... attristée.

— Et moi, le plus malheureux des hommes !

J'ai parlé de ce soir-là comme du dernier car, le lendemain, j'ai trouvé la maison désertée, portes barrées, fenêtres closes. J'ai frappé. J'ai appelé. Nul n'a répondu. À l'idée que, peut-être, je ne la reverrais jamais, je sentais mon cœur se fendre. Plusieurs jours durant, de l'aube à la nuit tombée, j'ai erré comme une âme en peine à la chercher...

— Et tu as fini par la retrouver ! m'a coupé Jean-Baptiste.

— De fait je sais où elle se trouve, outre que j'en ai appris pas mal sur elle, y compris ce qu'elle faisait dans cette maison...

— Et qui est-ce ?

— Une pauvresse orpheline qu'Escarbagnas a recueillie...

— Ha ! la noble âme !

— ... Qu'il a fait éduquer à sa guise, séquestre et compte épouser sous peu !

— La noble âme, vraiment ! Et tu la veux ?

— Si je la veux ?

— Elle, elle te voudrait ?

— Qui crois-tu qu'elle préfère : moi ou ce vieillard sinistre ?

— Alors, prends-la !

Dans sa bouche, tout était simple ! Seulement, en réalité...

— La prendre ? ai-je protesté. Mais comment ? Tu me vois aller frapper chez ce diable d'homme, lui dire : « J'aime Agnès qui ne vous aime pas ! Donnez-la-moi ! » et profiter de ce qu'il reste la bouche ronde de surprise pour partir avec elle ?

— Si tu procèdes ainsi... En revanche, nous pourrions...

Le lendemain était un de ces jours froids mais qui ne semblent pas encore appartenir à l'hiver tant l'air est vif et propice à l'action. Le jour se levait à peine quand nous avons franchi la porte de la ville à cheval. Nous montions deux superbes bêtes, Molière et moi, prêtées par l'intendant du prince de Conti. Lui avait fière allure dans son uniforme de capitaine. Bien sûr, personne n'aurait pu dire de quel régiment car c'était un costume de scène, mais n'y manquaient ni l'or, ni l'argent, ni les galons, ni les rubans. J'avoue que je n'étais pas mal non plus, en livrée certes, mais une livrée que le Pape n'aurait pas désavouée tant elle avait de rutilance et de brillant.

Nous sommes arrivés tôt chez le marquis. Appliquant les consignes de Jean-Baptiste, j'ai donné un maître coup de pied dans la porte et quand on a ouvert – c'était un vieil homme que j'avais déjà aperçu – je l'ai poussée pour entrer en disant :

— Cours dire au marquis que le duc du Trahoir veut le voir !

Le pauvre diable a balbutié quelque chose comme « Bien ! Bien ! » avant de tourner les talons pour y aller. Je l'ai suivi sans qu'il proteste, et Jean-Baptiste est entré après moi.

Nous avons attendu dans une salle délustrée où le feu brillait par son absence. À force d'usure et de crasse, les tapisseries recouvrant les fauteuils avaient pris une couleur verdâtre qui a fait faire la grimace au duc du Trahoir.

Quand l'autre escogriffe a paru, l'air plus fâché que satisfait d'avoir été tiré du lit en sursaut et contraint de se vêtir à la hâte, Molière ne lui a pas laissé le temps de parler. Il lui a lancé :

— Ah messire ! je suis aise de vous rencontrer ! Je sors de chez mon cousin Conti qui s'étonne de ne jamais vous voir !

Un coup de poing n'aurait pas mieux calmé notre bougre.

— Monseigneur daigne s'étonner... , a-t-il pipé

après avoir avalé par la bouche la moitié de l'air que contenait la salle.

— Un homme de votre qualité qui ne va jamais le voir ! Il se demande même si vous n'auriez point quelque grief contre lui...

— Moi ! Monsieur le duc ! Un grief ! Contre monseigneur ! Mais pas le moins du monde ! Monseigneur ! Pensez-vous !

— Tant mieux ! Nous craignions que vous ne fussiez fâché !

— Fâché ! Pas du tout ! Serviteur, au contraire !

— Voilà qui est bien dit ! Alors, vous nous viendrez visiter ?

— À la première occasion.

— Vous nous en voyez éminemment flattés !

— Croyez que tout l'honneur est mien !

Pour ponctuer chaque phrase qu'il disait, Jean Baptiste s'était mis en devoir d'épousseter le parquet de la salle qui en avait du reste bien besoin avec les plumes de son chapeau. Le marquis, quoique qu'étant tête nue, ne pouvait faire moins que lui rendre ses saluts : il tournicotait la main droite devant lui en s'inclinant. J'étais contraint de détourner la tête pour ne pas les voir faire ; je craignais trop de rire.

Mettant un terme à ces politesses, Jean-Baptiste a demandé :

— Vous me permettrez, cher Marquis, de profiter de ma visite pour présenter mes respects à votre pupille !

L'autre a réagi comme s'il avait reçu un coup de pied au postérieur. Il a pâli, s'est raidi, a réfléchi, a fini par lâcher :

— C'est que... c'est que...

— C'est que ? a demandé Molière en le prenant de haut.

— C'est qu'elle n'est... pas encore apprêtée pour se montrer.

— L'anticipation du plaisir de la saluer me fera supporter patiemment de l'attendre aussi longuement qu'il faudra ! a superbement répondu Jean-Baptiste.

— C'est qu'elle n'aime guère à paraître devant des étrangers !

— Ta ! Ta ! Ta ! Ne serait-ce pas plutôt que vous la cachez, marquis ? Vous vous faites du tort en la dissimulant de la sorte en permanence. Il est des méchantes langues pour parler là-dessus. Et mon cousin, à ce propos, me faisait remarquer...

— Ce n'est pas du tout que je la dissimule ! Seulement, elle est timide, voyez-vous, ainsi qu'il sied aux filles de son âge.

— Alors suggérez-lui de faire un effort et de vaincre son appréhension, pour l'amour de nous !

— C'est à dire que... vous savez comment sont les filles...

— Monsieur, j'en sais seulement ce que m'a appris un commerce honnête avec elles ! Insinueriez-vous autre chose ?

— Je m'en garderais comme le loup blanc, monsieur le duc !

— Prétendriez-vous que je suis un godelureau qui fait l'amour aux filles au premier regard, sans même les connaître ?

— J'aimerais mieux me couper moi-même la langue que de prétendre cela, monsieur le duc !

— Sous-entendriez-vous que j'aspire à la rencontrer dans d'autres desseins que l'envie de lui présenter mes civilités ?

— Jamais semblable idée ne m'a ne serait-ce qu'effleuré !

— Tant mieux, monsieur, sans quoi je vous aurais passé mon épée à travers le corps. Je suis fort opposé, moi aussi, au duel mais comme je l'expliquais récemment à Son Éminence, il est des cas où l'homme d'honneur ne peut pas barguigner.

À chaque question qu'il posait, Jean-Baptiste portait la main à la garde de son épée puis l'en retirait brusquement. À chaque fois, Escarbagnas dont le visage avait pris la couleur d'un coing mûr, croyait qu'il la dégainait et faisait un sursaut en arrière. Finalement, il n'y a plus tenu et il est sorti en trottant.

Peu de temps après, il a reparu, tenant ma bien-aimée par la main. Elle a semblé fort surprise de me voir mais Escarbagnas n'a pas vu sa mimique et j'ai pu lui faire comprendre qu'il ne fallait pas qu'elle montre que nous nous connaissions.

Jean-Baptiste s'est livré à une nouvelle séance en

règle d'époussetage du plancher tout en débitant à Agnès un lot de galanteries qui ont fait tousser et s'étrangler le marquis. Puis :

— Mademoiselle, je n'ai que trop déjà abusé de votre temps précieux, a-t-il dit. Sachez que je demeure votre serviteur !

Agnès a fait une petite révérence. Au même moment, Jean-Baptiste a entouré de son bras les épaules d'Escarbagnas et l'a entraîné vers une fenêtre en disant :

— Quant à vous, cher Marquis, il faut que je vous raconte ce que m'a répondu le roi quand je lui ai fait remarquer que...

Agnès sortait. Jean-Baptiste, derrière le dos du marquis, m'a fait signe de la suivre. Je l'ai rejointe dans son boudoir.

— Artémon, mon ami, a-t-elle commencé après un moment de silence, si vous saviez combien vous m'avez manqué !

— Pour moi, j'ai cru mourir de ne plus vous revoir !

— Hélas, je n'y étais pour rien, savez-vous. Il m'avait envoyé chez une tante à lui. Une vielle femme avare et méchante qui a finalement eu la bonne idée de mourir. Sinon, j'y serais encore.

Il y avait, un petit ouvrage, posé ouvert sur une console.

— C'est donc là ce que vous lisez, Agnès ? ai-je demandé en le prenant. *Les maximes du mariage ou les devoirs de la femme mariée, avec son exercice journalier ?*

— C'est ce qu'il me fait lire à l'exclusion de tout autre livre !

J'ai feuilleté les pages. Elles étaient pleines de propos de ce genre : « Sous sa coiffe, en sortant, comme l'honneur l'ordonne, il faut que de ses yeux elle étouffe les coups car pour bien plaire à son époux, elle ne doit plaire à personne » ou encore « Dans ses meubles, dût-elle en avoir de l'ennui, il ne faut écritoire, encre, papier, ni plumes : le mari doit, dans les bonnes coutumes, écrire tout ce qui s'écrit chez lui. » Sans parler de plusieurs autres du même tonneau !

— Et vous voulez vous marier, Agnès ? ai-je dit en reposant l'édifiant opuscule.

— J'aimerais beaucoup, en effet...

J'ai senti mon cœur devenir de glace. J'ai lâché ses mains que j'avais prises entre les miennes, reculé de quelques pas.

— Si vous voulez l'épouser...

Elle s'est récriée :

— J'ai dit que je souhaitais me marier... Ai-je dit avec qui ?

La voix tremblait. Je l'ai crue près de pleurer.

— Pardonnez-moi ! Mais l'idée que vous... enfin qu'il...

Puis j'ai compris ce qu'elle venait d'essayer d'exprimer.

— Serait-ce, chère Agnès, serait-ce que ce serait... avec un autre que lui que vous voudriez vous marier ?

Soudainement elle a blêmi.

— Je l'entends qui vient ! Fuyez ! Vite !

J'ai sauté par la fenêtre qu'elle a grand'ouverte, ce qui n'était guère périlleux vu que nous étions au rez-de-jardin. L'instant d'après j'étais en selle, trottant aux côtés de Jean-Baptiste.

— Alors as-tu bien avancé tes affaires ?

— Elle est toute disposée à m'épouser !

— À t'épouser ? Fuis tant qu'il en est encore temps !

J'étais prêt à me fâcher, à lui répondre vertement mais j'ai vu qu'il se riait de moi. Je n'ai rien répliqué. Il a poursuivi :

— Et tes parents, qu'en penseraient-ils ?

— Ils seraient trop contents de me voir me poser. Seulement tu parles comme si le marquis n'était pas là. Or il y est, et bien décidé, il me semble, à ne pas la lâcher ! Je me sens encore plus misérable, désormais. De la savoir disposée à m'aimer alors que tout est impossible. Il y a de quoi rendre fou !

— Bah ! Il suffit d'écarter le fâcheux et la belle est tienne !

— Plus facile à dire qu'à faire. D'autant qu'il va se rendre chez le prince et qu'il va découvrir qu'on l'a roulé !

— Quand il ira, il en sera pour ses frais. Le prince est à Montpellier pour huit jours. Il a emmené à peu près tous ses gens sauf deux ou trois qui sont mes amis. L'hôtel d'Alfonce est mien ! Cela, constitue la seconde partie du plan.

De fait, le marquis s'est présenté chez monseigneur de Conti dès le lendemain, l'après-midi. Disons qu'il a été reçu comme il le méritait. Je ne tire aucune gloire de cette réception ; Jean-Baptiste m'ayant demandé de me faire remarquer le moins possible, j'y ai assisté sans rien faire ni dire, assis dans un coin.

D'Assoucy a voulu se charger de jouer le prince. Il s'est montré aussi plein de morgue que nécessaire et a fait l'altesse à la perfection. Escarbagnas n'y a vu que du bleu. Molière ne lui a pas laissé un moment de répit. Plus d'une heure durant ce n'ont été que protestations d'amitié et exclamations de contentement. Escarbagnas s'est cru monté au pinacle. Avant de retomber au plus bas. Dufresne, qui jouait l'homme de confiance du prince est en effet venu les interrompre.

— Monseigneur, il y a là un couple de bourgeois âgés qui viennent exposer une doléance à Votre Seigneurie.

— Par la malpeste ! Ne savent-ils pas que je suis avec mon ami Escarbagnas ? Renvoyez-les !

Le marquis a voulu faire son grand homme :

— Recevez-les plutôt, Monseigneur. Comme l'a dit je ne sais plus quel auteur que j'ai lu jadis, bonne justice n'attend pas.

Châteauneuf est entré en même temps que la Dufresne. Ils étaient vêtus de noir, grimés pour paraître plus âgés. Pauvre Châteauneuf dont ç'a été le tout dernier rôle puisqu'il n'a rien trouvé de mieux à faire que de mourir quelques jours plus tard.

— Monseigneur, a-t-il dit, nous venons réclamer notre fille qui nous a été soustraite par ruse et enlèvement voici dix ans.

Il a tendu au faux prince une poignée de paperasses puisée dans les papiers du vrai. Par discrétion, Escarbagnas s'était un peu écarté. D'Assoucy a fait semblant de lire, a hoché plusieurs fois la tête et, s'adressant à Molière, il a dit d'une voix forte :

— Ho ! mon cousin, ce que je lis là est du dernier grave !

Plein de curiosité, Escarbagnas a tourné la tête vers lui.

Plein de sévérité, le faux prince a interpellé Châteauneuf :

— Je veux croire, monsieur, que ces documents sont vrais ! Si ce n'était pas le cas, je vous ferais rouer en place publique !

— Ils sont on ne peut plus véridiques, Monseigneur. Établis par les plus hautes autorités. Voyez plutôt la signature, là en bas ! C'est celle du baron de Lanta en personne !

— Donc, a repris le faux prince, une fille à vous a été enlevée par des inconnus alors qu'elle avait l'âge de cinq ans.

— Notre fille unique, est intervenue la Dufresne dont la voix chevrotait à merveille. Dérobée par un inconnu que nous ne connaissions pas alors mais que nous connaissons aujourd'hui !

— Nous voulons qu'il nous la restitue, a dit le père.

— Ce ne serait que justice, a remarqué le faux duc du Trahoir.

— Une justice que je vais rendre sans plus tarder, a déclaré d'Assoucy sur ton qui marquait une ferme résolution.

En parlant, tous les quatre n'avaient cessé de regarder Escarbagnas qui, après s'être montré d'abord seulement mal à son aise, s'était peu à peu décomposé.

— N'êtes-vous pas de cet avis, marquis, qui ne dites rien ?

Il était blême et transpirant. Madeleine Béjart ne lui a pas laissé le temps de répondre. Elle est entrée, feignant de forcer la porte malgré Dufresne qui prétendait l'empêcher de passer. Elle avait la perruque en bataille, l'œil noir, l'allure d'une furie.

— Monseigneur, s'est-elle écriée d'une voix aiguë, je viens déposer une plainte contre le marquis d'Escarbagnas qui...

Elle a feint de le découvrir alors, s'est jetée sur lui et s'est mise à le souffleter à tour de bras en criant :

— Le maraud ! L'impudent ! Venir me provoquer jusqu'ici !

— Le marquis d'Escarbagnas ? Mais c'est lui notre ravisseur ! se sont exclamés Châteauneuf et la Dufresne, les parents dignes, en se ruant sur lui.

Le faux père s'est mis à le battre de sa canne en hurlant :

— Tudieu maraud ! Prends ça ! Pour te punir de ta vilenie !

Pendant que la fausse mère lui démantibulait les côtelettes avec la pointe de son éventail. Elle braillait très fort :

— Monstre altéré de sang ! rends-moi ma fille ou je t'arrache les yeux !

Dans la joyeuse mêlée qui s'est ensuivie, Molière et Dufresne, ainsi que Joseph et Germaine Béjart qui jusqu'alors n'avaient rien fait, ont asséné au marquis quelques bons coups de pied et de poing tout en feignant d'essayer de séparer les belligérants. Je dois reconnaître que les miens, de pieds et de poings, m'ont sacrément démangé mais j'ai su me retenir et ne pas me faire remarquer ainsi qu'on me l'avait demandé.

Quand un semblant de calme est enfin revenu, le faux prince s'est adressé à Madeleine pendant qu'Escarbagnas tentait de redonner à sa tenue un semblant de dignité.

— Madame, je ne puis tolérer pareil comportement chez moi !

— Pardonnez-moi, Monseigneur, mais l'indignation a soutenu seule une main vengeresse !

— Peut-être ! Mais frapper ainsi monsieur le marquis...

— Lui ! Croyez bien, Monseigneur, qu'il mérite

dix fois mieux du fait de l'inexpiable affront qu'il m'a fait subir !

— Expliquez-vous, madame.

— J'y viens, Monseigneur. Figurez-vous que ce maroufle, cet histrion, ce papelard, après m'avoir assidûment recherchée en mariage s'est enfui la veille des noces, me laissant là comme une plante en son pot et à demi perdue de réputation !

— Moi ? Mais je ne l'ai jamais vue ! a protesté Escarbagnas à qui l'excès de surprise redonnait de la voix.

— Vous l'entendez, Monseigneur, il recommence à mentir.

Et Madeleine a marché de nouveau sur lui qui s'est recroquevillé en se protégeant le visage avec les bras.

— Madame ! Pour l'amour du ciel, modérez vos transports, a tonné d'Assoucy.

— Pour l'amour du ciel et de vous, Monseigneur, je le veux bien, a roucoulé Madeleine.

— Résumons-nous, a continué le faux prince. Si je compte bien, Marquis, une plus une font deux. Vous êtes bigame, ou quasi. C'est mauvais, cela, très mauvais, *sicut Aristoteles dixit*[1].

— Je dirais même que cela sent son bûcher, a ajouté Molière.

— Mais je n'en ai épousé aucune ! a bégayé Escarbagnas.

1. ainsi que le dit Aristote.

— C'est à quoi nous allons veiller ! a répondu le faux prince.

Le marquis, hâve et suant, était à ramasser à la serpillière.

— Le mieux serait de régler cette affaire au plus vite et donc à l'amiable, a poursuivi d'Assoucy. Commençons par statuer sur le cas de la jeune Agnès. Vous, ses parents, vous voulez...

— L'arracher des mains de ce monstre, a glapi la Dufresne.

— J'entends bien, madame, et je vous approuve. L'ennui demeure qu'il est légalement son tuteur.

— Vous l'avez lu, Monseigneur, j'ai de quoi faire casser dix fois le tutorat et le condamner aux dépens, a dit Châteauneuf.

— Certes ! brave homme. Mais il faudra plaider et vous savez combien la justice est lente. Pour couper au plus court, je suggère plutôt de lui faire signer, devant témoins, un contrat...

— ... De mariage ! s'est exclamé Molière. L'admirable idée que tu viens d'avoir là, mon cousin.

— Je ne comprends pas ! a feint de s'étonner le faux père.

— Jusqu'à ce que le procès en déchéance soit jugé, a expliqué Molière, Agnès devra rester avec lui, et souffrira. Tandis qu'un contrat de mariage le privera de tout droit sur elle sitôt signé !

— À qui voulez-vous la donner ? a feint de s'apeurer la mère.

— À personne pour l'heure, a dit Molière. Nous prendrons un prête-nom dont le notaire saura s'arranger, n'ayez de crainte. Nous y mettrons le premier qui nous passera par la tête.

— Voilà qui est réglé, a repris le faux prince, pour ce qui est de la jouvencelle. Qu'on fasse venir le notaire ! Vous, marquis, signez, et nous tâcherons d'oublier cette fâcheuse affaire...

Escarbagnas était trop dépité pour faire autrement qu'approuver d'un signe de tête.

— En attendant le notaire, a poursuivi le faux Conti, occupons-nous de l'affaire de madame...

— Votre servante ! a répliqué Madeleine avec une révérence.

— Voici le marquis libre ! Voulez-vous toujours l'épouser ? Nous pouvons... le contraindre.

— Je préfèrerais convoler avec le diable ! J'étais aveugle, allez ! quand il me faisait ses promesses mielleuses, et niaise aussi, je le confesse ! Mais à présent que je le connais sous son vrai jour, que je sais quel amateur de tendrons, quel coureur de jupes il est... Non ! Plutôt m'enterrer vive au couvent !

Là-dessus, le notaire, qu'on avait prévenu, a paru. Il ne lui a fallu qu'un instant pour établir un contrat de mariage qu'en fait il tenait tout prêt depuis le matin. Bien entendu, le premier nom d'époux qui est passé par la tête de Molière a été le mien...

Que dire d'autre sinon que le marquis d'Escarbagnas a dû garder la chambre pendant près de trois mois. Le dépit, la colère, l'humiliation lui avaient si fort brouillé l'esprit que quand il est rentré chez lui, ce soir-là, il ne reconnaissait même plus sa vieille domestique qu'il s'obstinait à appeler « monsieur l'abbé ». Il a fini par guérir mais n'a pas voulu reparaître en ville. Il a vendu sa maison pour filer s'établir nul n'a su où. Nous n'en avons plus jamais entendu parler et il n'a manqué à personne.

Molière, les Béjart, les Dufresne et tous les autres ont quitté Pézenas pour Narbonne dans le courant de février. Agnès et moi étions déjà mariés. Nous ne les avons jamais revus. Je l'ai regretté car j'en aurais volontiers fait les parrains ou marraines de Jean, de Baptiste, de Madeleine, de Joseph, de Claude et de Geneviève ou de Charles que nous attendons.

*

M'est avis qu'Artémon Lapointe a forgé son histoire. Il a dû rencontrer mon père qui appartenait à la troupe du prince de Conti et se trouvait à Pézenas à la période où il situe son aventure – des États provinciaux s'y sont tenus du 4 novembre 1655 au 28 février 1656. Tout le reste me paraît invention.

J'ai, par exemple, invité M. Lapointe à me faire connaître son épouse, Agnès. Par malheur, elle était morte. Je lui ai demandé de me montrer la demeure du marquis, la haute maison où il s'est rendu avec mon père. « Hélas, a-t-il répondu, elle était déjà mal en point à l'époque et s'est écroulée depuis ».

Peu convaincue, je me suis discrètement adressée au curé de Saint-Jean, pour lui demander s'il se souvenait d'avoir marié et enterré ladite Agnès. Comme il était nommé de fraîche date, il a compulsé les registres paroissiaux. Sans rien y découvrir, bien sûr, qui aurait pu étayer l'histoire du sieur Lapointe.

De plus, personne, à Pézenas, ne s'est souvenu du marquis d'Escarbagnas. Certes, du temps avait passé mais j'ai interrogé quelques vieilles demoiselles qui, à l'époque, étaient d'âge à vouloir se faire épouser par lui qu'on prétendait si riche. Soit elles ont perdu la mémoire, soit le marquis n'a jamais existé.

Je penche nettement pour la seconde explication. Artémon Lapointe aura inventé toute son aventure après avoir lu L'École des Femmes. *Il possède les œuvres de mon père et je lui prête assez d'imagination et de faconde pour avoir mis sur pied une histoire qui a fait de lui un héros auprès de ses voisins et amis.*

*Déposition de madame de F***, dite Princesse***, sur des visites que lui fit Molière en son hôtel du Marais et la main qu'elle mit à l'invention de certaine fameuse comédie.*

Je puis dire en quelles circonstances exactes j'ai fait la connaissance de monsieur de Molière. Comme tout le monde, je l'ai d'abord vu jouer au Vieux Louvre, ce jour où il a fort ennuyé le roi avec une tragédie de Corneille l'aîné et l'a beaucoup fait rire avec une comédie de son cru. Mais il était sous le masque et je l'eusse pu croiser ensuite sans mettre un nom sur son visage qui me demeurait inconnu.

Avec août finissant, l'été s'alanguissait et j'étais à peine rentrée de la campagne quand je ne sais plus qui l'a amené chez moi. S'agissait-il de Charlotte-Marie ou de Chantal ? Je ne le sais plus. L'une et l'autre avaient eu des accointances avec Edmond lequel avait de fort près connu Madeleine Béjart qui vivait alors avec Molière. Elles pouvaient toutes deux le connaître assez bien pour s'en faire accompagner chez moi.

Beaucoup de mes amies étaient absentes d'en ville, si bien que nous avons pu nous entretenir en tête-à-tête longtemps et tranquillement. Quoique je ne le connusse pas à son ordinaire, il m'est apparu préoccupé et, comme le ton de la conversation entre nous s'était fait d'emblée amical, je lui ai demandé s'il avait des soucis. Il m'a répondu qu'ils ne valaient pas la peine qu'on les mentionne. Alors nous avons parlé de la règle des unités chez Aristote, que je jugeais nécessaire et dont il a affirmé qu'elle ne pouvait être utile qu'aux auteurs maladroits.

— L'ami Corneille serait fâché de vous entendre ! ai-je dit.

— Au contraire, il n'a cessé de s'en trouver incommodé !

Je l'ai convié à revenir me voir aussitôt qu'il le voudrait ou le pourrait. Ce qu'il n'a pas manqué de faire quelque huit jours plus tard. Cette fois, mon salon était plein de monde quand on l'a introduit. Je l'ai vu faire quelques saluts, contourner des groupes, opérer une habile manœuvre pour tenter d'accéder à moi, se heurter au mur de dos que formaient face à lui des abbés, des galants, des gâteux et quelques académiciens, inverser la manœuvre pour atteindre la porte, s'éclipser. Je l'ai rattrapé dans l'antichambre.

— Mon ami, si vous venez me voir, ne le faites pas quand je reçois mais quand les fâcheux sont chez eux.

Il me semblait plus soucieux que l'autre fois.

— Aviez-vous quelque chose de grave à me dire ?

— Non point ! Je cherchais juste le plaisir de votre entretien.

— Allons, cessez de vous défier de moi. Parlez franchement ! Qu'est-ce donc qui vous tarabuste ?

— Eh bien ! madame... c'est embarrassant...

— Avouez en confiance, je suis une tombe !

— Je voulais votre avis sur la comédie. Je veux dire, par rapport à la tragédie.

J'avais imaginé quelque sombre affaire de cœur ou de famille, des embarras d'argent, une intrigue de cour, une cabale naissante. En riant à demi, je lui ai proposé :

— Mon ami, vous ne pouviez mieux tomber ! Rentrez ! Il y a messieurs Desmarets, Godeau et Cotin de l'Académie qui seront ravis de vous donner leur sentiment là-dessus !

— Eux ! Permettez-moi de dire que je me soucie de leur opinion comme d'une... tarte à la crème. Ce que je voudrais savoir, c'est le sentiment des gens de goût. Savoir si le roi, si la cour... Ils n'ont pas semblé mépriser mes modestes farces, ils m'ont même fait l'honneur d'en rire mais je ne sais... La tragédie est d'une portée tellement autre que ces pièces qui font rire !

— Vous jouez chaque jour la tragédie ! Je ne saisis pas bien ce qui vous préoccupe.

— Je la joue, certes madame, et peu à peu, elle me ruine !

Je l'ai fait revenir le lendemain matin.

— La survie financière de la troupe m'oblige à présenter plus de comédies que de tragédies, m'a-t-il expliqué, mais je redoute, ce faisant, de perdre l'approbation des gens de qualité.

Connaissant enfin sa préoccupation, j'ai un peu songé avant de lui faire cette réponse :

— Ne croyez-vous pas que l'assentiment de la qualité va à la qualité ? Et que le discrédit qui pèse sur la comédie ne tient pas à sa nature mais au fait qu'on n'en fait pas qui soit d'aussi haute volée ni aussi bien venues que les tragédies ?

Un sourire est venu illuminer son visage.

— Vous pensez donc madame que malgré Aristote et les savants, un auteur de comédie...

— Un auteur de talent qui traiterait un bon sujet avec goût et habileté devrait être prisé à l'égal d'un tragique comme il en existe l'exemple dans l'Antiquité. C'est du moins ce que je ferais et je sais que mes amis penseraient comme moi.

Il a pris mes mains pour les baiser avant de s'écrier :

— Ha, madame, vous ne pouvez savoir à quel point vos paroles me réconfortent !

Puis il s'est remis debout. L'incertitude a repris possession de ses traits. Il a dit, l'air pensif :

— Seulement...

— Seulement ?

— Oublions l'auteur, j'ai mon idée sur son compte.

Je l'avais aussi : il était résolu à écrire ses pièces lui-même ce qui, étant donné ce qu'il nous avait montré, semblait une bonne décision. Je l'ai laissé poursuivre :

— Mais le sujet ? Voilà, il me semble, où réside la difficulté. Les héros antiques, s'ils se trouvent adaptés au drame, ne peuvent que mal faire rire ! On ne rit que de ce qui est proche !

— Auquel cas, les sujets sont pléthore. Faites rire

des défauts, des manies, des travers de nos contemporains ! Ils n'en manquent pas, vous l'admettrez. La matière surabonde !

Il ne paraissait pas totalement convaincu.

— Elle est si abondante, même, a-t-il objecté, si répandue qu'on ne sait plus par où commencer à l'attraper !

— Il me vient une idée ! me suis-je exclamée. Prenez-moi comme modèle et comme cible ! Cernez mes ridicules ! Montez-les en épingle ! Criblez-moi de vos railleries !

— Madame ! Pour rien au monde je ne pourrai... !

— Mais si ! Ce sera tout à fait amusant. Car, pour peu que vous visiez large, beaucoup d'autres seront atteintes !

Il ne semblait pas voir où je désirais en venir.

— Vous l'avez sans doute remarqué, ai-je expliqué, je ne puis rien faire sans qu'aussitôt on m'imite, on me contrefasse et cela, souvent, jusqu'au grotesque. Que j'utilise un mouchoir à la place de mes doigts, et il se trouvera dix écervelées pour en exhiber un de la taille d'un drap de lit. Que je juge plaisant l'usage du tabac, et dix godelureaux s'en bourreront le nez jusqu'à le faire ressembler à un navet farci ! Que j'affirme qu'il faut un mot nouveau chaque fois que le besoin s'en fait sentir pour désigner une chose nouvelle, et tous ces niais et niaises, au prétexte qu'ils ont lu deux romans et quatre poésies, feront des mots inutiles et prendront des façons de parler incongrues en croyant faire des miracles d'esprit et de science.

— En somme, vous suggérez qu'en vous prenant comme modèle...

— ... Et en forçant le trait, vous les décriviez, elles, qui sont des copies outrancières !

— Et pourquoi elles seulement, et non pas eux ?

— Faites à votre guise, ai-je répliqué, mais je vous interdis bien de m'affubler d'une moustache !

Ce qui l'a fait rire.

Après quoi, chaque matin ou quasi, il est venu me faire part de l'avancement de la pièce. Pour le titre, je lui ai suggéré « Les précieuses », un mot que je sentais venir dans l'air du temps et dont je pressentais la vogue. Il a voulu lui joindre « ridicules ».

— Pour bien établir, a-t-il expliqué, que c'est le ridicule que je veux railler et dont je souhaite faire rire.

Il m'a fait part des noms de ses personnages :

— Commençons par le père : Gorgibus, bon bourgeois...

— Pourquoi Gorgibus ?

— Le nom me plaît. C'est celui de l'entrepreneur qui a déménagé nos affaires de Rouen à Paris. Un brave homme !

— Alors va pour Gorgibus !

— Madeleine, sa fille, et Germaine, sa nièce...

— Aïe ! Aïe ! Madeleine ?

— C'est un petit nom qui s'est trouvé à portée.

— Seulement ma voisine de la rue de Beauce ne

manquera pas de s'y reconnaître ! Il faudrait cacher un peu, amortir !

— Mademoiselle de Scudéry ? N'ayez de crainte ! Comme il sera question dans la pièce du *Grand Cyrus* et de la carte de Tendre, chacun verra que le personnage n'est pas elle !

— Tout de même. Atténuons ! Pourquoi ne pas la nommer Madelon qui serait une sorte d'hommage en même temps qu'une allusion ? Et puis Germaine ne va pas : trop prosaïque ! Il faut quelque chose de plus ronflant ! quelque chose de grec !

— Arthénice ? Sapho ? Phylis ? Cathos ?

— Cathos ! me suis-je exclamée. Vous le tenez ! Cathos et Madelon, nièce et fille de Gorgibus, précieuses ridicules !

Ce furent deux mois délicieux que j'ai passés grâce à ces visites quotidiennes. Certains matins, il arrivait pour ainsi dire les mains vides mais rarement repartait-il sans avoir fait son miel des menus propos que je lui rapportais, pris sur la bouche-même de mes amies et de leurs grandes filles.

— Savez-vous dans quel ridicule s'est mise hier la jeune Marie-Françoise de G*** ? C'est à ne pas le croire ! Elle s'est plainte de ce que le comte de R*** qui est jeune, beau, riche à millions et extraordinairement sérieux, a sollicité son aval pour demander sa main à son père. Elle en était parfaitement outrée, affirmant qu'en venir de but en blanc à l'union conjugale, c'était prendre l'amour par la queue !

— Vraiment ?

— Le croirez-vous, elle nous a ensuite expliqué sans rire qu'il faut qu'un amoureux, pour être agréable, sache débiter les beaux sentiments et pousser le doux, le tendre et le passionné. D'après elle, il doit rencontrer la personne dont il devient amoureux à la promenade ou dans quelque cérémonie publique – ce qui est malaisé pour elle et Charles de R*** vu qu'ils se fréquentent depuis l'enfance. Il se doit de cacher d'abord sa passion à l'aimée en demeurant longtemps tout rêveur et mélancolique. Puis le jour de la déclaration arrive, qui se doit faire dans une allée de quelque jardin et qui est suivie d'un courroux de l'aimée laquelle bannit l'amant de sa présence pendant un certain temps. Elle nous a débité toutes ces sornettes avec tant de sérieux que plusieurs de mes amies qui ne la connaissaient pas l'ont crue dérangée.

Il a levé la tête du registre où il notait soigneusement ce que je lui disais pour déclarer :

— Je sens fort bien le personnage !

— Attendez, pour mieux l'appréhender, d'entendre la suite qui vaut son pesant d'hellébore. « L'amant, a continué Marie-Françoise d'un ton aussi assuré que si elle en avait fait cent fois l'expérience, trouve toujours moyen d'apaiser l'objet de sa flamme, de l'accoutumer au discours de sa passion et d'obtenir d'elle cet aveu qui nous coûte tant de peine à faire. Après cela doivent venir les aventures, les rivaux qui se jettent en travers d'une inclination partagée, les persécutions des pères, les jalousies conçues sur de fausses apparences, les désespoirs, les enlèvements et tout ce qui s'ensuit. Pour moi, a-t-elle conclu l'œil enflammé, j'ai dit à Charles que les choses se traitent ainsi dans les belles manières et que ce sont des règles dont, en bonne galanterie, on ne peut pas se dispenser. »

Marie-Charlotte qui se trouvait partagée entre l'envie de rire et l'indignation, s'est étonnée : « En sorte que vous l'avez refusé ? » La pécore a lancé sur le ton du triomphe : « Tout net ! »

— Le comte a dû s'en trouver marri, et elle, aura du mal à s'en trouver un si elle continue ainsi, a dit Molière.

— Il a dû être étonné, surtout, d'autant qu'il n'aura sûrement compris goutte au galimatias qu'elle lui a servi.

Le surlendemain, quand il a paru, en retard, je lui ai raconté que la veille, mes visiteurs avaient fait assaut de madrigaux.

Il a sursauté avant d'éclater de rire. Puis il m'a expliqué :

— Il faut croire que les grands esprits se rencontrent. Figurez-vous que si je parais à cette heure, c'est parce que j'ai traîné à composer une scène à partir d'un poème grotesque.

Il a dit le poème qu'il avait composé pour son personnage de valet se donnant pour un marquis :

« Oh, oh ! Je n' y prenais pas garde :

Tandis que, sans songer à mal, je vous regarde,
Votre œil en tapinois me dérobe mon cœur.
Au voleur, au voleur, au voleur, au voleur ! »

Il s'est mis à jouer la suite, faisant à la fois les deux précieuses et le petit marquis, y allant d'une voix de fausset pour faire parler Cathos :

« Mon Dieu ! Voilà qui est poussé dans le dernier galant. »

Poursuivant de sa voix grave à lui :

« Avez-vous remarqué ce commencement : oh, oh ? Voilà qui est extraordinaire : oh, oh ! Comme un homme qui s'avise tout d'un coup : oh, oh ! La surprise : oh, oh ! »

Revenant au fausset pour faire Madelon :

« Oui, je trouve ce « oh, oh ! » admirable et j'aimerais mieux avoir fait ce « oh, oh ! » qu'un poème épique. »

Il a fait des bonds à travers la chambre, des mines, des gambades, il a multiplié les grimaces, parfaitement mimé l'allure du pédant, ses poses et sa suffisance, rendu à merveille le sot enthousiasme des donzelles, leurs ébauches de pâmoison, leur admiration forcenée. Il a débité un piètre commentaire que fait le faux marquis du poème à toute allure, avec son débit si particulier qui le hâtait vers la fin des phrases où il reprenait souffle brusquement, avec un hoquet. J'ai eu une troupe entière sous les yeux, dont il tenait tous les personnages à lui seul.

J'ai bien cru mourir ce matin là, en m'étouffant à

force de rire. Mes gens qui, après m'avoir entendu pousser des éclats aigus, n'ont plus rien perçu que mes faibles protestations lui demandant de cesser puis les fortes inspirations que je prenais pour tenter de recouvrer haleine ont fait irruption dans la chambre, à la rescousse. Lui, sans se laisser démonter, a continué sa comédie et nous sommes retrouvés dix ou douze, femmes de chambre, dames d'atours, valets, laquais et moi-même, à rire au point d'en pleurer.

*

L'effet des Précieuses Ridicules *sur le public fut le même que celui produit sur la princesse et ses gens. Il vint en masse voir la pièce et s'amusa énormément. Représentée pour la première fois le 18 novembre 1659, elle fut le premier grand succès populaire de mon père et de ses comédiens.*

Après quatorze années de tournées en province, ils avaient regagné Paris en octobre de l'année précédente. Ils avaient donné des tragédies, de Corneille en particulier, et de petites farces, probablement en partie improvisées, avec un succès inégal. Placée sous la protection de Monsieur, frère unique du roi, la troupe s'était vu allouer la salle du Petit-Bourbon qu'elle devait partager avec la troupe des Italiens.

Le personnel de la compagnie avait évolué : certains avaient pris congé – ou même pris congé de la vie –, des nouveaux étaient arrivés. Parmi ceux-ci, figurait

Lagrange, un monsieur charmant doublé d'un excellent comédien, un fidèle entre les fidèles à qui nous devons l'édition complète des pièces de mon père de 1682. En outre, cet homme méticuleux a tenu jour après jour le registre de la troupe, y notant les dates des représentations, les programmes, les recettes et quantité d'événements relatifs à la troupe. Le bonheur des biographes !

Les Précieuses Ridicules *ont été données en même temps que des tragédies de Corneille. On appelait cela jouer « à l'extraordinaire » et on doublait le prix des places. Le voisinage entre ses œuvres et ce qu'il considérait comme une farce plus que comme une comédie a, paraît-il fortement déplu à l'auteur du* Cid. *Il n'était pas pour le mélange des genres. L'ennui c'est qu'en jouant seulement les pièces sérieuses, même s'il les admirait sincèrement, mon père aurait fini sur la paille.*

À propos des précieuses, je dirai qu'on a beaucoup cherché qui mon père a peint sous les traits de Cathos et de Madelon. M'est avis que cette recherche est vaine : ses précieuses, il les a très largement inventées de même que le langage risible qu'il leur prête est de lui. Comme le suggère la princesse, les précieuses étaient dans l'air du temps. Mon père leur a juste donné la chair et les os, si je puis m'exprimer ainsi à propos de personnages de théâtre.

*Lettre de madame la marquise de Saint-R***, à sa cousine, la comtesse de M*** sur les fêtes qui furent données en l'honneur de la visite du roi.*

Mercredi 17e d'août 1661
Quoiqu'il soit près de la mi-nuit, je ne n'ai pas voulu remettre ne fût-ce qu'à demain matin le plaisir de vous écrire, ma chère cousine. Je mourais de peur qu'une autre que moi ne vous donne le plaisir d'apprendre ce qui fut l'événement de la soirée. Mon courrier n'a pas promis de faire une grande diligence : il a dit qu'en partant il n'irait coucher qu'à Livry. Enfin il arrivera le premier, et c'est tout ce qui m'importe.

Mon Dieu, que vous avez de chance d'être retirée dans cette campagne où vous vous plaignez qu'il ne se passe jamais rien ! Quoi ? Vous pensez que je me moque, que je veux faire un paradoxe ? Mais je vous l'assure, vous vous trompez et je vais vous expliquer ce qui m'autorise à l'affirmer.

Auparavant, toutefois, laissez-moi m'enquérir de votre précieuse santé. Vous me dites dans votre dernière lettre que vous avez été saignée et que vous vous en êtes bien trouvée car vous aviez tant de sang que vous en étouffiez. « Si vous étiez à Paris, vous plaignez-vous, on ne vous saignerait pas si souvent ». Certes, c'est un air qui dissipe beaucoup d'esprits que celui de Paris mais vous n'imaginez pas combien la chaleur qui y règne actuellement épaissit les humeurs et les échauffe : on s'y lève fatigué, on y traîne sa journée sans aucun entrain, on s'y couche épuisé. Au point que sur ce chapitre aussi, on ne peut qu'envier vos ombrages et vos frais ruisseaux.

Revenons au fait, me direz-vous en me sommant d'expliquer pourquoi ce serait une chance de souffrir ce que vous persistez à nommer un « insupportable exil ». Eh bien ! parce que vous nous reviendrez à l'automne si pleine d'appétit, si pleine de curiosité, si pleine d'envie que votre plaisir en sera décuplé d'avoir dû attendre pour le satisfaire. Comme l'a bien écrit monsieur de Corneille l'aîné : « Plus le désir s'accroît, plus l'effet se recule ».

Mais, me demanderez-vous, quel plaisir suis-je en train de vous promettre pour votre retour ? Il est en rapport avec les fêtes que je vous avais annoncées et qui se donnent à l'occasion de la visite du roi chez monsieur le surintendant des finances Fouquet. Certes, je ne pourrai pas les renouveler pour vous quand vous reviendrez. Elles sont splendides et somptueuses à tel point que tout l'argent qui m'a passé entre les mains au cours de ma vie ne suffirait pas à en payer le dixième. Mais je ne vous en raconterai pas plus long pour le moment. D'abord parce qu'elles ne sont pas encore terminées et que je souhaite vous en brosser un rapport bien complet et fidèle dès que j'aurai l'occasion d'écrire plus à mon aise. Ensuite parce que le courrier attend et qu'il faut que je me hâte si je veux qu'il parte à peu près à temps. Or, j'ai à vous narrer...

Vous qui me dites que vous languissez, ma chère cousine, vous qui m'écrivez que vous seriez mieux avec nous plutôt qu'à Limoges, à ne regarder le soleil que du coin de l'œil, assurément vous trouverez quelque chose d'amusant et de divertissant à ce que j'entends vous raconter.

Comme vous le savez, outre le roi, sont présents à Vaux Sa Majesté la reine mère, Monsieur, Madame et la plupart des seigneurs et dames de la cour, y compris cette Mlle de la Mothe d'Argencourt qui se trouve, comme je vous l'ai signalé, en position très favorable auprès de Sa Majesté. Il y a eu et il y aura de la musique, des feux d'artifices, des ballets, des défilés, des jeux admirables exécutés avec les deux cents jets des fontaines principales le long de la grande allée et plus de mille autres à l'entour retombant dans des coquilles. Le tout est donné et exécuté dans un décor admirable de feuillages touffus éclairés d'innombrables flambeaux... Ha ! j'oubliais, il y a eu aussi... du théâtre. Voici où je voulais vous emmener, vous qui aimez tant à rire et à pleurer du jeu de bons comédiens.

Nous en avons eu d'excellents : monsieur Molière et sa troupe, qui appartiennent à Monsieur. Je ne crois pas que vous ne les ayez jamais vus jouer mais ils vous sont familiers cependant puisque je vous ai conté par le menu la comédie dont ils nous ont tant amusés, où ils montraient deux pécores provinciales qui se piquaient de belles façons et se faisaient berner par des valets.

Avant d'en venir au fait, il faut que je vous peigne d'abord ce monsieur Molière que je n'avais encore jamais eu l'occasion de voir au naturel. Il n'est ni trop gras ni trop maigre ; il a la taille plus grande que petite, le port noble, la jambe belle ; il marche gravement, a l'air très sérieux, le nez gros, la bouche grande, les lèvres épaisses, le teint brun, les sourcils noirs et forts ; et les divers mouvements qu'il leur donne lui rendent la physionomie extrêmement comique. À l'égard de son caractère, du moins d'après ce qu'en rapportent ceux qui le fréquentent de près, il est doux, complaisant, généreux.

Pour moi qui ne l'ai vu qu'un bref moment, je puis seulement souscrire à cette impression générale qu'il donne d'une parfaite affabilité. Pour vous éclairer, voici comment s'est passé ce dit moment de notre rencontre.

Pour nous garantir des ardeurs du soleil nous nous étions installées en petit comité dans une chambre de verdure tout à fait exquise aménagée à l'écart de l'orangerie. J'avais Mme d'Andilly à ma main gauche, Mme de la Fayette à ma droite, Mme du Plessis devant moi, qui s'amusait à imaginer de petits portraits, Mme de Motteville un peu plus loin, qui rêvait profondément. Zélie de Caderousse, la jeune sœur de mon oncle de Cessac et Mlle de Sévigné allaient et venaient de l'une à l'autre comme de gentils frelons.

Un petit groupe qui déambulait sous les frondaisons a brusquement paru devant nous et j'ai reconnu Sa Majesté et Mlle de la Mothe, avec le maître des lieux, le surintendant.

Fouquet a demandé, en montrant l'homme qui les accompagnait :

— Mesdames, connaissez-vous monsieur de Molière ?

— De réputation seulement, a répondu Mme du Plessis.

— Pour nous avoir si bien amusées, a ajouté Mme d'Andilly.

— Monsieur de Molière a écrit une comédie à sa façon qu'il nous jouera demain avec sa troupe, a repris Fouquet. Préparez-vous à beaucoup rire.

— Quel en est le sujet, monsieur ? ai-je demandé à Molière. Y fustigez-vous encore les travers de la gent féminine ou nous montrez-vous des facéties à la manière de Sganarelle ?

— Madame, a-t-il répondu en s'inclinant, il y est question d'une sorte de gens beaucoup plus universelle.

— Pour ce que j'en sais, est intervenu Fouquet, monsieur de Molière va nous faire voir toutes les sortes de fâcheux.

— Toutes les sortes ! non ! a précisé Molière. Il en

existe tant qu'il faudrait une pièce en cinq actes au moins ! Mais j'en ai une bonne galerie.

À ce moment-là, je me suis avisée de ce que le roi semblait faire grise mine ou, du moins, qu'il n'était pas aussi souriant ni en train qu'à son ordinaire. Son humeur, je m'en suis alors fait la remarque, s'était peu à peu altérée à mesure que les fêtes s'étaient succédé, comme s'il ne goûtait guère ce que monsieur le surintendant avait mis en œuvre pour lui plaire.

Monsieur de Molière, qui devait sentir aussi cette réticence royale, a poursuivi :

— Je puis vous révéler d'avance, mesdames, quelle est la partie la mieux réussie de la pièce, et qui, de ce fait, sera la plus appréciée des gens de goût.

Un début de sourire est né sur le visage de Sa Majesté.

— Prêtez, Mesdames, je vous en prie, une attention particulière à la scène sixième de l'acte deux. Il y est question d'une sorte de fâcheux redoutable entre toutes, la pire à n'en pas douter. Et sachez, mesdames, que l'invention de ce fâcheux-là n'est pas mienne et que si elle est aussi bien venue c'est qu'elle est venue de bien haut.

Le roi, en souriant, lui a posé la main sur l'épaule en disant :

— Mon ami, l'essentiel du mérite vous en revient !

— Le mérite, sire ? Quel mérite ? Quand le chemin de mes vers était tout tracé d'avance !

Sur quoi, ils nous ont laissées.

Pour aller droit au fait, ma chère cousine, je vous dirai sans plus tarder que, le lendemain, la pièce n'a pas été un succès mais un triomphe. Le roi a dansé dans les ballets placés en ouverture et entre les actes. Il s'est énormément diverti. J'ai su par Mme d'Argenson, qui avait assisté à toute la scène, que l'idée d'inclure un fâcheux sous les traits d'un chasseur avait été suggérée à Molière le dimanche, par sa Majesté qui songeait comme modèle au marquis de Soyecourt. Je ne sais pas si le malheureux marquis s'est reconnu. Il ne semble pas encore tout savoir de son infortune mais, je n'en doute pas, il finira par se trouver une âme charitable pour la lui apprendre. Je gage que cela va lui allonger le nez d'un quart de toise[1].

Quant à dire si, de tous, ce portrait-là est le mieux réussi, les avis apparaissent partagés. Pour ma part, j'ai aimé surtout celui qui est fait de cette espèce d'importuns qui sévit au théâtre. Peut-être l'ai-je mieux prisé parce qu'il m'a fait penser à vous, à cause de la joie que je me fais par avance de vous emmener voir la pièce à Paris aussitôt que vous serez de retour. Elle se donnera à l'hôtel de Soissons où joue ordinairement la troupe de Monsieur. Pour vous allécher, je veux vous en donner une petite idée ; vous verrez si vous ne serez pas dans l'impatience d'aller la voir jouer...

Imaginez, ma chère cousine, un homme, Éraste, un amoureux comme le nom l'indique. Il n'a de cesse, et

1. Une toise équivalait à 180 cm environ.

sur ce point il est facile à comprendre, que de se trouver réuni à celle qu'il aime, la belle Orphise. Mais que croyez-vous qu'il arrive ? Je suppose, vous le devinez : la moitié de l'humanité se met inopportunément en travers de leur chemin...

Je ne veux pas narrer la pièce par le détail de crainte de vous faire passer l'envie de la voir. Je vous dirai juste les façons du gêneur dont je vous parlais. Il apparaît à la première scène, ce qui est commode pour moi qui ne veux point déflorer la pièce. Éraste se plaint des fâcheux. Il semble, dit-il, que le sort lui en adresse de partout même si aucun n'est plus nuisible que celui qu'il vient de subir et qui lui a fait cent fois maudire l'idée d'être allé voir la comédie. Il raconte, et monsieur de Molière qui tient le rôle, le fait de telle manière qu'il est proprement irrésistible. Du reste, la façon dont le tout est présenté est admirable. Jamais, je crois, je n'ai vu déployer autant d'art ni de précision sur une scène ; chaque acteur sait combien il doit faire de pas, et les œillades, elles-mêmes, sont comptées...

Imaginez. Notre amoureux s'est installé au théâtre ; il est prêt à écouter une pièce dont on lui a dit plus grand bien. Chacun fait silence, les comédiens commencent. Alors, entre avec fracas un quidam qui crie : « Holà-ho ! Un siège promptement ! » et qui, au plus beau moment, dérange tout le monde.

Éraste, qui est patient, se contente de hausser les épaules tandis que les acteurs essaient de reprendre. Seulement le nouveau venu, quoiqu'il eut pu être à son aise sur un côté, s'avise de planter sa chaise au beau milieu du devant de façon à cacher la scène aux trois quarts de l'assistance avec son dos. Un grand bruit de protestations s'élève. Un autre aurait honte. Lui n'entend même pas. Et soudain, le voici qui aperçoit et reconnaît l'infortuné Éraste, qu'il se déplace pour s'asseoir près de lui, qu'il l'embrasse, qu'il lui demande à voix haute des nouvelles de sa santé. Le rouge monte aux joues du malheureux qui ne sait plus où se tourner pour dissimuler sa gène. L'autre n'en a cure. Il lui pose cent questions frivoles en parlant plus fort que les acteurs, lui résume la pièce dont il lui révèle la fin, récite les vers qu'il connaît en même temps que les comédiens, avant de se lever bien avant la fin en affirmant sur un ton n'admettant pas de réplique que : « pour agir galamment, il faut bien se garder d'ouïr le dénouement ».

Je m'en rends compte, je fais ce récit si pauvrement qu'il vous faudra déployer des trésors d'imagination pour deviner combien cette peinture si juste et si vraie était amusante. Ce que je vous demande, c'est de me faire le crédit de le croire et de nous revenir au plus tôt. Vous pourrez ainsi vérifier par vous-même combien je restais éloignée de la réalité dans mon rapport et combien je disais vrai en prétendant que vous n'avez sans doute jamais rien vu d'aussi drôle.

Mon courrier vient me dire qu'il ne peut plus souffrir aucun délai aussi en terminè-je ici avec cette lettre. Pardonnez-moi de l'avoir faite aussi brève mais l'urgence seule m'a empêchée de vous entretenir plus longtemps.

Saluez votre excellent mari de ma part tout en conservant pour vous et vos chers enfants toute l'affection attentionnée de votre cousine aimante.

*

Je ne m'étendrai pas ici sur le sort du surintendant Fouquet, c'est l'affaire des historiens. Pour préparer et exécuter la fête magnifique qu'il a donnée en août 1661 pour le roi, il avait engagé ce qui se trouvait de mieux comme talents dans tous les arts. Louis XIV les a tout de suite fait travailler pour lui, de même que les concepteurs du château et des jardins de Vaux ont ensuite œuvré pour Versailles. Seul, monsieur de La Fontaine, s'est montré réticent à changer de protecteur.

Ce n'est pas douteux, Les Fâcheux *ont plu au roi. Il a voulu les revoir sans délai et la troupe les a rejoués une semaine plus tard à Fontainebleau où la cour séjournait. Louis XIV avait alors seulement vingt-trois ans et aimait beaucoup à rire. Il aimait encore plus à danser et cette pièce est la première dans un genre créé exprès pour lui et qui mêle intimement théâtre, danse et musique : la comédie-ballet. Pour mon père, cette création a marqué le début d'une longue période de faveur royale. Elle s'est en effet prolongée jusqu'à l'été 1672 malgré quelques périodes plus difficiles dues davantage aux circonstances de la politique qu'à une intention du monarque.*

Pour conclure, je signalerai car cela me semble important que la pièce qui avait séduit le roi et la cour a été reprise à Paris, pour un public plus populaire auprès de qui elle a rencontré le même très grand succès. Dès cette époque, mon père entendait plaire universellement !

Partie trois :
les années de plénitude

L'Impromptu de la Pomme de Pin, *pièce en un acte et une scène de Charles de Batz-Castelmore, chevalier d'Artaignan, sous-lieutenant au régiment des Grands Mousquetaires.*

PERSONNAGES

Jean-Baptiste Poquelin, dit Molière, directeur de troupe

Nicolas Boileau, poète satirique

Jean de La Fontaine, conteur et fabuliste

Claude Emmanuel Chapelle, homme de lettres

Jean Racine, poète dramatique

Charlotte, fille de salle

Mathurine, autre fille de salle

La scène se passe dans la salle du cabaret à l'enseigne de la Pomme de Pin, situé rue de la Juiverie, en vis-à-vis de l'église Sainte-Madeleine.

Boileau, *à Chapelle arrivant.* — Ah ! te voici tout de même, l'ami Claude ! Nous avons tous cru que tu ferais faux-bond.

La Fontaine. — Le fait est que nous avons failli attendre, comme on dit qu'on le dit au Louvre.

Chapelle. — Mes bons amis, j'étais plus qu'à demi-mort d'avoir dû m'en passer depuis le déjeuner et j'ai couru partout dans Paris pour en trouver, mon grand pendard de laquais s'en étant montré incapable !

Molière. — Que cherchais-tu l'ami, la fortune ou la gloire ?

Chapelle. — Ni l'une ni l'autre ! J'étais seulement en quête de tabac dont j'avais la plus furieuse envie. *Se tournant vers la servante.* Holà Charlotte, ma jolie, apporte un gobelet de plus, un propre ! Et un autre pichet d'Argenteuil ! *À voix basse aux autres.* Il paraît qu'ils ne lavent pas les gobelets parce que les braves bourgeois tiennent à boire après nous dans les verres que nous, gens de haute qualité, avons vidés...

Boileau. — Sais-tu, mon ami, que l'Office du Saint-Sacrement condamne tout à fait l'usage du tabac ?

La Fontaine, *à mi-voix.* — Il a raison, le saint office !

Boileau. — N'as-tu pas entendu dire à monseigneur Hardouin de Péréfixe[1] que l'usage de l'herbe à Nicot induit fatalement au vice et au péché ?

La Fontaine, *même jeu.* – Qu'ils ont bien dit, messeigneurs Père et Fils !

Boileau. — Ne serais-tu pas effaré d'apprendre que selon tous les bons moralistes du temps, la consommation du tabac est une porte ouverte à toutes les dissolutions et qu'elle mène même au libertinage ?

La Fontaine, *même jeu.* — Voilà qui est bigrement bien vu par les moralistes !

1. Ce prélat fut archevêque de Paris de 1662 à 1671.

Chapelle — Tu tiens donc tellement à me convaincre d'en user et d'en abuser ? À t'entendre, l'envie me prend de chiquer, par-dessus le marché, et de m'en fourrer plein les narines !

La Fontaine, *faussement horrifié.* — Quoi ? Dans le nez ? Malgré le Saint-Sacrement, Péréfixe et les bons moralistes ?

Molière, *qui tout le temps que les autres ont parlé a fouillé ses poches pour en tirer une feuille couverte d'écriture.* — Justement, la passion dévorante de notre ami m'a donné hier l'idée d'écrire ceci. Je lis. Vous me direz ce que vous en opinez.

Chapelle, *désignant Racine du menton.* — Fais attention, le petit t'écoute ! Et si jamais il se trouve en panne d'inspiration...

Molière. — Il écrit une tragédie en ce moment ! Sur Alexandre le Grand ! Il ne va pas s'inspirer de ce qu'ont soufflé les vices de Claude Emmanuel Chapelle ! La ressemblance entre les deux personnages n'est pas assez frappante !

Racine, *vexé.* — Chapelle, je n'ai pas, pour secourir ma muse
Qui ne souhaite pas que le public s'amuse,
Besoin de recourir à la plume d'autrui,
Ni d'un autre que moi accaparer le fruit ! Na !

Chapelle. — À défaut de plumes d'autrui tu recourras aux plumes d'autruche pour orner le chapeau du grand Alexandre !

La Fontaine. — Je propose qu'on condamne Chapelle au silence, et à l'amende s'il babille encore. La prochaine tournée est sienne s'il ouvre la bouche avant que Molière ait fini !

Chapelle. — Racine parle de fruit et tu en fais des amandes.

Boileau. — Mathurine, ma belle ! Un pichet d'Argenteuil ! Le grand format ! À porter à cette table et sur le compte du triste sire Chapelle. Quant à toi, Jean-Baptiste, parle sans plus attendre, sinon ils ne t'en laisseront pas dire une !

Molière. — C'est une tirade que je vais placer au début de ma prochaine comédie. Sganarelle, qui est le serviteur du personnage principal, parle : « Quoique puisse dire Aristote et toute la philosophie, il n'est rien d'égal au tabac : c'est la passion des honnêtes gens, et qui vit sans tabac n'est pas digne de vivre – ouf ! Non seulement il réjouit et purge les cerveaux humains, mais encore il instruit les âmes à la vertu, et l'on apprend avec lui à devenir honnête homme – ouf ! Ne voyez-vous pas bien, dès qu'on en prend, de quelle manière obligeante on en use avec tout le monde, et comme on est ravi d'en donner à droite et à gauche, partout où l'on se trouve ? – ouf ! On n'attend pas même qu'on en demande, et l'on court au-devant du souhait des gens : tant il est vrai que le tabac inspire des sentiments d'honneur et de vertu à tous ceux qui en prennent – ouf ! »[1].

1. Ici figure en marge du texte une note de l'auteur : « Ne sachant comment marquer la façon très personnelle dont monsieur Molière a débité sa tirade en

Chapelle. — Admirable ! Tout cela est si proprement dit que j'aurais pu l'écrire, et des deux mains qui plus est !

Racine, *à voix basse.* — Encore eût-il fallu que tu en eusses été capable avec une seule !

La Fontaine. — Tu n'as pas versifié ? C'est une comédie légère que tu as en cours ? J'avais pourtant cru comprendre...

Molière. — Le titre est *Dom Juan*. Avec comme sous-titre : « Le festin de pierre. »

Chapelle. — Question légèreté, te voici rendu chez Racine !

Boileau. — Ha ! le vin ! Merci ma belle. Pose-le donc ici, au milieu de la table.

Mathurine. — Hé ! Fi ! monsieur Nicolas ! Votre main !

Boileau. — Eh bien quoi, ma main ? Qu'a-t-elle ?

Mathurine. — Elle a qu'elle est faite pour manier la plume ! Et que n'étant ni une dinde ni une oie, de plumes, je n'en ai pas. Inutile que votre main perde son temps à en chercher sur moi !

Chapelle. — Te voici condamné au chapeau d'Alexandre !

La Fontaine. — Chapelle, si tu continues, tu seras bon pour payer une autre ration !

Chapelle. — Qu'importe puisque nous la boirons

ne respirant, très fort, qu'à la fin des phrases, j'ai traduit ces inspirations par : « ouf ! »

aussi. Mais que disais-tu, Jean-Baptiste, vas-tu versifier ou non ?

Molière. — Peut-être le ferais-je si j'en avais le temps. Mais tel n'est pas le cas ! J'ai besoin de jouer la pièce de toute urgence. Les recettes sont en chute libre, faute de nouveautés !

Racine. — Et tout cela par ma faute ! Parce que *La Thébaïde* ne marche pas !

Molière. — C'est le public qui n'est pas prêt à goûter ce que tu écris ! Et aussi, le sujet ne le touche pas. *La Thébaïde* de Boyer, chez les Grands Comédiens a fait un four pitoyable, elle, alors que la tienne marche doucement ! Tu n'y es pour rien, non plus, si les Parisiens s'obstinent à garder leur bourse serrée ! D'ailleurs, tu verras qu'avec Alexandre...

Racine. — Au train où vont les choses, il ne sera pas prêt avant la fin de l'an prochain.

Molière. — D'où l'urgence d'avoir une pièce nouvelle.

La Fontaine. — Malgré tout, il me semble que tu devrais versifier. Le *Burlador*[1] de Tirso est en vers. Ce qui convient mieux au sérieux de l'intrigue. Sans compter que Dorimon et Villiers[2], eux aussi...

Chapelle. — Bigre, mon Jeannot ! Te voila bien savant sur les festins pétresques et les commandeurs

1. *El Burlador de Sevilla (Le Séducteur de Séville),* pièce de Tirso de Molina, écrite en 1616, fut la première à mettre en scène Don Juan.

2. Dorimon et Villiers ont, chacun, écrit une pièce ayant Don Juan comme personnage principal.

revenants ! Serait-ce que tu envisages de délaisser le conte pour les planches ?

La Fontaine. — Que nenni, mon Cloclo ! Seulement je suis contre l'avis de Boileau quand il encourage Molière à la prose !

Racine. — Tu fais ça, toi ? qu'as-tu contre les vers ?

Boileau. — Rien ! Et j'en fais pour ma part !

La Fontaine. — C'est vrai ! En particulier certain placet fort bien tourné dont lecture a été faite au roi.

Boileau. — Vraiment ? Et où l'as-tu entendu pour affirmer qu'il est bien tourné ? Te voici désormais, ayant tourné casaque, dans les petits papiers de Louis Le Grand ?

La Fontaine. — Je l'ai simplement entendu lire à l'hôtel de Nevers. Tu n'as pas gardé ton secret comme tu l'aurais cru !

Boileau. — On sait qui est l'auteur ?

La Fontaine. — On l'attribue à un philosophe qu'on décrit si bien qu'on te reconnaît comme un nez au milieu d'une figure.

Boileau. — Peu importe. J'y dis simplement à voix haute ce que tout le monde pense et dit tout bas des faux dévots.

Racine. — Et c'est dans ce placet que tu conseilles à Molière de faire fi des vers ?

La Fontaine. — Non, dans une satire, dédiée à Molière, que j'ai entendu lire par madame du Plessis-Guénégaud elle-même.

Molière. — Tu m'as dédié une satire ? Je n'en savais rien !

Chapelle. — Je t'en prie, Nicolas, récite-la ! Nicolas ! Nicolas ! Nicolas !

La Fontaine, Racine, Molière, *en chœur.* — Nicolas ! Nicolas !

Boileau. — Vous vous imaginez que je la sais par cœur ?

La Fontaine. — Je puis en répéter le quatrain final qui constitue la partie coupable. C'est pourquoi je l'ai retenue !

Chapelle. — Messieurs écoutons bien car le moment est grave. Notre ami Nicolas pris et jugé pour délit de prosaïsme ! Vide d'abord ton gobelet, Jeannot, pour bien t'éclaircir la voix !

La Fontaine. — Voici cette fameuse déclaration pro-prose. Elle est en vers, comme il se doit :

« Toi donc, qui vois les maux où ma muse s'abîme,
De grâce, enseigne-moi l'art de trouver la rime :
Ou, puisque enfin tes soins y seraient superflus,
Molière, enseigne-moi l'art de ne rimer plus. »

Racine. — Voilà qui est du plus haut ambigu ! Dis-tu en fait qu'il faut rimer ou qu'il ne le faut pas ?

Boileau. — Jean vous a dit seulement la fin de mon propos ! C'est faire voir les pieds sans vous montrer la tête !

Molière. — Et cette tête, quelle est-elle ?

Boileau. — Eh bien, j'y affirme qu'il faut rimer, mais sans forcer, de façon naturelle, et refuser la facilité pratiquée par certains autres qui consiste à avoir des mots rimés tout prêts pour les coudre ensemble en fonction des besoins. Ainsi,

Si je louais Philis, EN MIRACLES FÉCONDE,
Je trouverais bientôt, À NULLE AUTRE SECONDE ;
Si je voulais vanter un objet NON PAREIL,
Je mettrais à l'instant, PLUS BEAU QUE LE SOLEIL ;
Enfin, parlant toujours D'ASTRES ET DE MERVEILLES,
De CHEFS-D'ŒUVRE DES CIEUX, de BEAUTÉS SANS PAREILLES...

Molière. — J'entends souvent pareille musiquette !

La Fontaine. — Si ta satire se répand, tu te mettras à dos tout ce que Paris compte de rimailleurs !

Chapelle. — Qu'ils s'en aillent faire leurs rimes ailleurs !

La Fontaine. — Je me demande parfois, Jean-Baptiste, comment tu peux les dire en scène sans pouffer.

Chapelle. — Je l'ai vu éclater de rire. C'était pourtant un vers de Corneille, dans une de ses très bonnes tragédies.

Molière. — Il n'y avait pas prêté attention en l'écrivant ! Le génie peut se permettre ce genre de distractions !

Racine. — Quel était-il, ce vers ?

Chapelle. — « Je suis Romaine, hélas ! puisque mon époux l'est ! »

Boileau. — Dans *Horace*, oui ! Mais il l'a corrigé depuis !

La Fontaine. — Voilà qui était certes mal venu mais qui nous éloigne de notre sujet. Pour en revenir à ta pièce, Molière, malgré Boileau et malgré les vers malheureux qui s'écrivent chaque jour, je demeure partisan de la mettre en vers !

Chapelle. — En vers et contre tout !

Boileau. — Faites-le taire ! Vite ! Charlotte ! ma jolie ! Un pichet de plus ! Toujours à mettre sur le compte de Chapelle !

Molière. — C'est que, vois-tu, je n'ai pas ta facilité, toi qui versifies comme tu parles !

La Fontaine. — Tu crois cela ? Je transpire autant que Boileau quand j'en viens au bout de mes vers ! Tu ne saurais croire combien mon *Cocu battu et content* me coûte de soins !

Molière. — Lui, je ne sais pas. Je pensais en fait à tes petites pièces où tu fais parler les animaux. Elles coulent si aisément qu'on les croit d'abord faites en prose. Je trouve qu'il n'y a rien d'aussi beau !

Boileau. — As-tu continué d'en écrire ?

La Fontaine. — Non... Oui... Enfin, à l'occasion, quand une idée me vient. J'en ai peut-être deux dizaines, en tout. Mais qui cela pourrait-il intéresser ? Ce sont de toutes petites choses !

Racine. — Tous ceux à qui tu les as lues en ont été charmés.

La Fontaine. — On m'a encouragé ici ou là, c'est vrai, mais je n'ai pas encore de quoi faire un livre. À ce propos, j'y pense, tant que nous en sommes à parler de cela, depuis hier matin je cherche une rime à « paroles » en trois syllabes qui...

Chapelle. — Casserole ! Tour de rôle ! Très, très drôle !

La Fontaine. — Holà ! Chapelle, je n'écris ni du Benserade, ni du Cotin ! Il faut qu'il y ait un sens, aussi ! J'ai besoin d'un mot en « oles » qui signifiât maîtres, instituteurs, pédagogues...

Molière. — Barbacoles !

Chapelle. — Barbaquoi ?

Racine. — Jamais entendu ça ! D'où le tires-tu ?

Molière. — C'est un mot fait d'après l'italien : barbacolo !

Boileau. — Et qui, de par son étymologie, doit signifier « qui se laisse pousser la barbe ».

Molière. — Chacun sachant que le poil au menton est l'apanage des savants !

Racine. — Barbacoles... Pourquoi non ? Voyons, cousin, que donne-t-il où tu voulais ton mot en « oles » ?

La Fontaine. — Na na na, na na na...

« Ce que je sais, c'est qu'aux grosses paroles

On en vient, sur un rien, plus des trois quarts du temps.

Humains, il vous faudrait encore à soixante ans

Renvoyer chez les barbacoles. »

Chapelle. — Il est parfait à la clausule : nul n'osera prétendre qu'il tombe sur le poil de la rime comme un cheveu dans le bouillon. *Criant.* Holà ! Charlotte, trêve de parlotte ! Vite d'autre vin ! *Aux autres.* À force de disserter doctement, j'ai le gosier aussi sec que le cœur de monsieur Colbert, moi !

*

Cette piécette que je me suis procurée auprès du tenancier de la Pomme de Pin n'a jamais été jouée ni imprimée. Le cabaretier m'a expliqué que d'Artagnan, qui l'avait écrite au fil de la plume en écoutant ce qui se disait à la table voisine, lui a laissé son œuvre en gage. Ce soir-là, en effet, le mousquetaire ne disposait pas des liquidités nécessaires pour payer les liquides (du petit vin d'Argenteuil) qu'il avait consommés en abondance avec trois de ses amis, mousquetaires comme lui. Sans doute à cause de son départ pour la forteresse de Pignerol[1]*, il n'est jamais revenu reprendre ses papiers.*

Les personnages mis en scène sont trop connus pour qu'il soit besoin de les présenter. Précisons tout de même qu'à l'époque mon père soutenait et encourageait Jean Racine dont la première pièce, La Thébaïde, *qu'il avait créée en juin sans succès. Pour le remercier de sa confiance et des risques qu'il avait pris en programmant un auteur inconnu, Racine est allé, sans rien dire, porter son* Alexandre *à la troupe de l'Hôtel de Bourgogne alors que mes parents le jouaient déjà au Palais-Royal.*

1. Forteresse jadis française et située actuellement en Italie où, Fouquet, condamné en décembre 1664 resta prisonnier jusqu'à sa mort, en 1680. D'Artagnan, chargé de l'y conduire, y arriva fin janvier 1665.

Après quoi, tout en conservant son estime à l'auteur, mon père a considéré l'homme avec une méfiance certaine.

Je parlerai plus loin de l'affaire du Tartuffe *qui a été représentée le 12 mai 1664. Dès avant cette première, des membres de la Compagnie du Saint-Sacrement avaient cherché à faire interdire la pièce. Une longue bataille s'est engagée pour mon père à qui sa réussite valait nombre d'ennemis. Il en est sorti vainqueur, certes, mais à quel prix pour sa santé !*

Je sais quelle était l'opinion de mon père dans le débat vers contre prose. On a dit qu'il n'a pas rimé certaines de ses pièces faute de temps. On appuie cette affirmation par Psyché *dont il a confié la finition, si j'ose dire à Corneille. La démonstration ne vaut pas. À ses yeux,* Psyché, *sujet léger et mythologique, appelait le cadre précieux des vers. Mais il aimait la prose. Il lui trouvait certaine aridité, certain naturel, certaine force qui convenait à certains sujets sévères. Il n'a pas voulu versifier* L'Avare, *par exemple, qui, disait-il, y aurait perdu en force.*

Ajoutons pour conclure que les représentations de Dom Juan, *à partir du 15 février 1665, ont connu un succès foudroyant. Bien des dents ont alors grincé, en particulier celles de Conti qui, ancien débauché, s'était acheté une conduite. À tel point qu'après la relâche de Pâques, la pièce n'a pas été reprise. Sans doute les pressions ont-elles été trop fortes... À moins que mon père et ma mère n'aient voulu préparer un événement consi-*

dérable : je suis née au début d'août 1665 ! Le 14 de ce même mois, Louis a demandé à son frère de lui céder ses comédiens. Devenir la troupe du roi, quelle consécration pour les rescapés de l'Illustre Théâtre !

Déposition d'Anselme Sarre-Cosy, exempt rattaché auprès du procureur du Châtelet.

Je passais ce jour, un peu après midi, dans la rue Saint-Honoré quand j'ai entendu des cris dans la rue Jean-Saint-Denis voisine. Ayant couru jusqu'à la maison d'où ils sortaient, j'ai distingué une voix d'homme qui se plaignait en ces termes :

— Au voleur ! Au voleur ! À l'assassin ! Au meurtrier ! Justice, juste ciel ! Je suis perdu, je suis assassiné, on m'a coupé la gorge, on m'a dérobé mon argent. Qui peut-ce être ? Qu'est-il devenu ? Où est-il ? Où se cache-t-il ? Que ferai-je pour le trouver ? Où courir ? Où ne pas courir ?

Les appels venant du premier étage, j'ai grimpé un escalier que j'ai trouvé dans la cour. Ayant frappé à une porte, elle s'est ouverte sur un homme et une femme aux allures de domestiques dont la mine m'a tout de suite paru suspecte.

— Au nom du roi, ai-je demandé, qui assassine-t-on ici ?

L'homme m'a répondu à un ton patelin que je n'ai pas aimé :

— Comment assassiner ? Ici ? On n'assassine point !

— N'avez-vous pas entendu crier, il y a juste un instant ?

— Entendu crier ? a répliqué l'homme. Pas du tout ! Ou alors, la chatte de la voisine, peut-être. Il lui arrive de pousser d'horribles braillements quand on lui enlève ses petits !

— Qui êtes-vous ? ai-je demandé. Et comment pouvez-vous justifier votre présence ici.

— On m'appelle maître Jacques, a répondu le suspect, quoique fort souvent on m'affuble de noms d'oiseaux. Et pour être présent ici, c'est parce que j'y demeure que je m'y rencontre. Je me trouve être le cocher en même temps que le cuisinier de messire Harpagon, le maître de cette maison.

Me tournant vers la femme, je lui ai fait la même question.

— Et vous, avez-vous entendu qu'on criait ?

— Ha ça, pour avoir entendu crier, j'ai entendu crier !

— Vous voyez ! ai-je dit sévèrement à ce maître Jacques.

— J'entends même crier du matin au soir et du soir au matin, a ajouté la femme, tant notre maître est bilieux et met de rage à m'être sur l'échine parce que rien ne lui convient jamais de ce que je faisons ou disons !

— Je voulais dire juste avant que je n'arrive. N'avez-vous pas perçu des cris ? ai-je insisté.

Elle a fait la grimace d'une qui ne sait rien avant d'ajouter :

— Pas plus de cris que de beurre frais au cellier !

Et juste alors, venant de la pièce voisine, j'ai entendu :

— Au voleur ! Au voleur ! à l'assassin ! Au meurtrier ! On m'a privé de toi ; et puisque tu m'es enlevée, ma chère cassette, j'ai perdu mon support, ma consolation, ma joie ; tout est fini pour moi, et je n'ai plus que faire au monde. C'en est fait, je n'en puis plus ; je me meurs, je suis mort, je suis enterré. De grâce, je supplie qu'on me dise où a disparu ma cassette !

— Là ! ai-je dit en désignant la porte du doigt. Cette fois vous ne pouvez pas ne pas entendre !

— Ça ? a répondu la femme. Hélas ! c'est notre maître, monsieur Harpagon, qui fait son cauchemar.

— Un cauchemar en plein jour, la belle histoire ! Je l'entends qui marche, de surcroît.

— Notre maître rêve en marchant ! a répondu la femme. Les médecins ne parviennent pas à le guérir. Le pire est qu'en plus de rêver, le malheureux parle fort et parfois, même, il crie.

— Allons le voir ! ai-je ordonné. Ouvrez cette porte !

La servante s'est exécutée et j'ai découvert, dans la salle voisine, un vieillard encore vert malgré son crâne chauve à l'exception de une couronne de petits cheveux gris. Vêtu d'un habit noir fort usé, il avait la taille petite, le nez fort, de gros yeux bleus et une face rondelette mais prodigieusement mobile que mille grimaces agitaient en l'espace d'un bref instant. En me voyant entrer, il s'est figé puis a demandé d'une voix saccadée :

— Qu'est-ce que... hum ? Qu'est-ce que vous faites... là... hum ? vous, là... hum ? Dame Claude, dis-moi... hum ? qui est-ce ?

— Je suis exempt auprès du procureur du Châtelet, ai-je dit, et comme j'ai entendu crier « au voleur !», me voici. Êtes-vous la victime ? Que vous a-t-on dérobé ?

Au lieu de répondre, il s'est approché de moi, s'est penché en avant, s'est mis à me tourner autour à pas comptés en me regardant fixement par en dessous, l'air soupçonneux.

— Le voler ! a dit dame Claude en lui emboîtant le pas. Je ne vois pas quoi. Notre maître se plaint toujours qu'il n'a rien !

— Il me donne même pas de quoi pour ses chevaux, a dit le cocher. Sans parler de nos gages qui n'arrivent jamais !

— Expliquez-lui qu'il n'y avons rien à voler dans la maison, a dit la servante au vieillard, et que c'est bien ainsi, sans quoi il faudrions payer des contributions et des taxes !

— Ah ! silence suceuse de sang ! a soufflé le vieillard qui semblait près de tomber pâmé. Tais-toi donc, maraude !

— Si nous étions riches, a-t-elle continué comme si de rien n'était, il nous faudrions payer... la taille... la dîme... le cens... le surcens... la gabelle... les centimes additionnels...

À chaque fois qu'elle lâchait le nom d'un impôt, l'incroyable vieillard sautait en l'air, poussait un « aaah ! » à fendre l'âme, portait ses mains à sa gorge et grimaçait horriblement comme si on tentait de l'étrangler.

Finalement, il s'est tourné vers elle et s'est mis à la frapper de la main, sur le dos et les épaules.

— Suffit, ma biche ! par la malpeste ! a-t-il dit. Tu veux donc me coucher mort incontinent – crac ! – et m'enterrer tout vif.

— Les aussi méchantes bêtes que vous, ça avons la vie plus dure que ça ! a répliqué dame Claude entre les dents.

— Que marmonnes-tu, coquine ? a demandé le vieillard en s'arrêtant de la battre.

— Que vous faites attendre monsieur, a dit la servante. Allez-vous lui avouer que vous êtes riche et qu'on vous a volé ?

— Moi, riche ? C'est calomnie que de prétendre cela !

— Alors, vous a-t-on volé ou non ? ai-je demandé, un peu abasourdi par le manège dans lequel j'étais entraîné.

— Si on m'a volé ? a répondu l'étrange vieil homme. Non ! Enfin... oui ! Mais, ho ! un rien ! Si peu, en fait que ce n'est même plus la peine d'en parler ! N'en parlons plus du tout !

— Vous faisiez grand bruit cependant ! Et j'ai cru vous entendre déplorer la disparition d'une cassette !

— Une cassette, dites-vous ? J'aurais parlé d'une cassette ? Vous aurez mal entendu ! Pas de cassette ! Non, non ! Je me plaignais à voix forte de ma servante qui ne répond jamais quand on l'appelle ! Je disais : « Où diantre est encore passée dame Claude, cette maudite jaseuse qui toujours caquette ? ». J'ai dit caquette, pas cassette. Caquette ! Pas cassette ! La friponne, est toujours à parler à tort et à travers !

Et il lui a couru après pour la battre de nouveau tandis que dame Claude s'enfuyait en riant.

Je suis redescendu perplexe de chez Harpagon. Ce particulier avait quelque chose à cacher, j'en étais sûr. Et ses domestiques n'étaient pas candides comme neige non plus.

Je traversais la cour, résolu à tirer cela au net quand, pris par mes pensées, je me suis cogné dans Molière qui entrait.

Il faut que je dise que je le connais de longue date déjà, depuis l'époque, en fait, où il s'appelait seulement Jean-Baptiste Poquelin et où, après la faillite de son théâtre d'alors, il s'était retrouvé au Châtelet. Il n'avait rien commis de criminel, seulement emprunté fort cher un argent qu'il n'a pas pu rembourser ce qui fait qu'on l'a mis en prison sur requête des créanciers. Il n'y est pas resté longtemps du reste et, sans me vanter, je lui ai rendu service en faisant l'intermédiaire entre son brave homme de père et lui. Ce service, pourtant menu, Molière ne l'a pas oublié. Aujourd'hui qu'il est fameux dans tout le royaume, que le roi l'appelle « mon ami » et que Paris et la cour sont coiffés de lui, il me serre la main chaque fois qu'il me croise, prend des nouvelles de ma santé et me rappelle que je suis toujours son invité au théâtre.

— Anselme, a-t-il dit en me remettant. Quel vent t'amène ici ?

— J'ai entendu, en passant, un homme qui appelait au secours parce qu'on l'avait volé et... et quoiqu'il criât comme un porc qu'on égorge, il a prétendu qu'on ne lui a rien pris.

— Curieuse affaire ! Qu'en déduis-tu ?

— Que je vais garder un œil sur cet original. Et sur ses domestiques, par la même occasion.

— Diable ! Tu n'auras pas trop de deux yeux pour surveiller ce petit monde. Mais qui est-ce ?

— Un certain Harpagon !

— Harpagon ? c'est chez lui que je vais ! Vilain personnage.

— Je dirais qu'il est curieux. Vilain, c'est possible, je ne le sais pas encore.

— Je dois le voir à cause d'un prêt usuraire.

— Vous êtes de nouveau dans les ennuis d'argent !

— Non, rassure-toi, tout va bien. En fait... Mais autant vaut que je te raconte l'affaire. Cela t'aidera peut-être à y voir clair dans ce vol qui n'en serait pas un. Tu connais Lagrange ?

— Le comédien qui est avec vous depuis déjà longtemps.

— Lui-même. Il est l'homme le plus méticuleux, le plus ordonné et le plus avisé en matière d'argent que je connaisse. Outre qu'il n'est pas né sans rien, il a fait prospérer ses gains judicieusement et je puis dire qu'il a du bien. Or figure-toi que Lagrange... Tu connais le petit Baron.

— Baron ! Baron ?

— Mais si ! Le petit Baron. Il figurait naguère dans la troupe des comédiens du Dauphin. Une troupe d'enfants que dirigeait la femme Raisin. Tu l'auras forcément vue dans mon théâtre.

— Je m'en souviens. Un gamin se tenait dissimulé dans une épinette ce qui faisait croire que l'instrument jouait tout seul.

— C'était lui ! Baron, donc, est venu me dire que Lagrange a emprunté la grosse somme au taux d'un denier pour quatre[1] !

— Un denier pour quatre ! Fichtre ! Il devait être dans un besoin très pressant pour consentir à un taux aussi assassin.

— Justement, je te l'ai dit, il n'a pas besoin d'argent.

— Alors ?

— Je lui ai parlé. Il m'a dit qu'il s'agissait d'une dette de jeu qu'il devait rembourser d'urgence.

1. Soit 25 %.

— Voilà donc l'explication !

— Seulement Lagrange ne joue pas. Je dirais même que je ne connais pas de personnalité aussi opposée aux aléas du jeu.

— Qu'en avez vous conclu ?

— Qu'il y a anguille sous roche. En attendant d'en savoir plus, je lui ai prêté l'argent, sans intérêt, et je viens céans rendre le sien à ce grippe-sou d'Harpagon.

— S'il est tel que vous le décrivez, ai-je fait remarquer, il va vouloir l'intérêt en sus du capital.

— Je le lui paierai en coups de bâtons s'il le réclame.

— Ils seront mérités. Toutefois, mieux vaut que je remonte avec vous. Ma présence le rendra plus calme !

— Tu as raison mon ami ! Viens aussi !

Nous sommes montés. Comme je le prévoyais, Harpagon a couiné quand Molière lui a annoncé qu'il rapportait l'argent prêté à Lagrange mais qu'il ne verserait pas un sol d'intérêt.

— Je pensais, tout de même, monsieur, qu'un intérêt petit... enfin tout petit... tout petit petit...

Il tenait tendus l'index et le pouce de la main droite et, après les avoir d'abord serrés jusqu'à ce qu'ils se touchent, il les écartait un peu l'un de l'autre chaque fois qu'il répétait « petit » en signifiant, par son geste, le contraire de ce qu'il disait.

— J'aurais pu vous payer... a commencé Molière.

— Ha ! s'est illuminé le vieil avare.

— Oui, je consens à vous payer un denier pour dix-huit[1], ainsi qu'il se pratique entre gens honnêtes.

— Dix-huit pour un, pas plus, hein ? Eh bien ! Va pour dix-huit pour un ce qui, sur cinq mille livres[2], nous font... deux cent soixante-dix-sept livres, quinze sols et douze deniers.

Molière et moi sommes restés ébaubis par la promptitude de ce diable d'homme en calcul.

— C'est bien cela ? a-t-il demandé.

Il jubilait, tout sourire, l'œil brillant, la main tendue, croyant tenir son argent. La réponse de Molière l'a comme assommé :

— Pour un an, oui. Mais le prêt a duré moins de vingt-quatre heures. Il faut diviser cette somme par trois cent soixante-cinq.

— Di-vi-ser..., a répondu Harpagon.

J'ai cru que sa mâchoire inférieure allait tomber décrochée tant il semblait déçu.

— Diviser, oui, a répliqué Molière. Dites-moi combien cela fait, vous qui calculez si bien.

— Eh bien... divisé... Hélas, divisé par trois cent soixante-cinq... Cela fait... Aïe, misère ! Cela fait... Seigneur ! ..... quinze petits deniers et cinq misérables sols !

— Outre que vous avez récupéré vos cinq mille

1. Soit 5,5 %.

2. Rappelons qu'il y avait vingt deniers dans une livre et vingt sols dans un denier.

livres, ai-je dit. Mais... ne me disiez-vous pas que vous n'êtes pas riche ?

— Riche ? Moi ? Mensonges ! Menteries ! Médisances !

— Comment se fait-il, alors, que vous puissiez prêter cinq mille livres de la sorte ? ai-je demandé. Sans parler de cette fameuse cassette. Car à présent, je suis bien certain de n'avoir pas confondu « cassette » avec « caquette ».

Il est resté confondu, a bégayé :

— Ca... Caca... Cassette...

— Il faut me dire d'où sort tout cet argent si vous êtes pauvre.

— Cet ar... Cet argent... De l'argent ? Quel argent ?

— Penses-tu qu'il pourrait s'agir d'un voleur, a demandé Molière en feignant de vouloir ne pas être entendu.

— À tout le moins un receleur, ai-je répondu de la même façon. Un pauvre hère, un quasi miséreux qui prête cinq mille livres tournois au premier venu ! Il faut bien qu'elles lui soient venues de quelque part. M'est avis que quelque malandrin lui aura confié son butin. Et un autre brigand de ses amis le lui aura chipé. Ce sont choses courantes chez les chauffeurs de pieds et autres écorcheurs !

J'ai vu notre Harpagon qui changeait de couleur. Il s'est jeté à terre, s'est accroché à mes genoux :

— Pitié, monsieur l'exempt, je n'ai rien volé. Je suis

un honnête homme qui a mis... eh bien ! quelque argent de côté !

— Ils chantent tous la même chanson, ai-je dit à Molière d'un ton entendu. Du moins au début, car après une petite séance avec les brodequins ou la poire d'angoisse, ils avouent tout.

— Aie ! Mais que voudriez-vous que j'avouasse ! Je n'ai rien fait et si on m'a volé, ce n'est pas ma faute, tout de même !

— Ainsi on vous a volé ? ai-je demandé.

— Oui, a dit le vieil homme. Ma cassette ! Une belle cassette pleine à ras bord de beaux louis bien brillants, sonnants et trébuchants. Hélas ! On me l'a prise et je ne la retrouverai pas !

Il pleurait allongé sur le parquet et, brusquement, je me suis senti un peu honteux du tour que je lui jouais. Molière ne semblait pas plus à son aise que moi.

— Peut-être, m'a-t-il dit, devrais-tu l'aider à re...

L'irruption dans la salle d'un homme jeune, bien mis et de bonne figure, lui a coupé net la parole.

— Père ! a dit le nouvel arrivant en s'adressant au vieillard. Qu'y a-t-il, pour l'amour du ciel ?

— Il y a, mon fils, qu'on m'a volé et que pour cela on veut me mettre à la question, m'enfermer, m'estrapader, me rouer vif ! Cet exempt que voici me conduit au Châtelet pour m'y pendre !

— Monsieur, m'a demandé le jeune homme, est-ce vrai ?

— J'enquête sur un vol dont votre père est la victime. Les circonstances ne sont pas claires et je me proposais de débrouiller le vrai du faux.

— Et moi, a dit Molière, je suis venu restituer à monsieur Harpagon cinq mille livres qu'un ami lui avait empruntées.

Le jeune homme a sursauté.

— Cinq mille livres, dites-vous ? Voilà qui est curieux.

— Expliquez-vous mieux, lui ai-je demandé.

— Pas ici, a dit le jeune homme. Venez.

Nous l'avons suivi dans la salle voisine.

— La similitude de la somme surprend, a-t-il poursuivi après avoir refermé la porte. Voyez-vous, hier, par le truchement d'un ami, j'ai aussi emprunté cinq mille livres et, ce matin, j'ai eu l'excellente surprise d'apprendre que le taux de l'intérêt, qui était fort haut, se trouvait miraculeusement ramené à zéro.

— Votre ami s'appelle-t-il Lagrange ? a demandé Molière.

— Si fait, a répondu le jeune homme avec surprise.

— Alors, je suis votre nouveau créancier.

Le jeune homme s'est gracieusement incliné.

— Je vous suis fort obligé, monsieur, vraiment. Ce qui me chagrine, en revanche, c'est que, si je comprends bien, l'ancien, prêteur, l'usurier, n'était personne d'autre que mon père !

Le jeune homme, à son tour, s'est fendu d'un soupir à lui délabrer les poumons. Je me suis dit que ce devait être un travers de famille.

— Dans quelle affaire suis-je allé me mettre ! a-t-il gémi.

Il faisait pitié à voir et, sans même songer que ses affaires ne me regardaient en rien, je lui ai demandé :

— D'où vous est venu votre pressant besoin d'argent ?

— Hélas, monsieur, a-t-il répondu, je suis amoureux !

— On peut aimer sans être riche, a fait remarquer Molière.

— Pas quand on est fils de mon père ! Celle que j'aime et qui est, sans conteste, la plus exquise créature de la terre n'a pas un sou. Mon père ne veut pas entendre parler d'elle pour moi. Il veut me marier à une très riche veuve qui est laide, bête et méchante à désespérer un régiment de poux. Alors j'ai imaginé ce stratagème : j'empruntais l'argent, je le confiais à mon amante et je prétendais qu'elle apporte cinq mille livres de dot.

— Pas mal imaginé, ai-je dit. Comment a-t-il réagi ?

— En me riant au nez. La veuve a le double, rien qu'en rente annuelle ! Alors j'ai perdu patience et j'ai fait... je crains d'avoir fait... Je lui ai pris...

— La fameuse cassette !

— Vous êtes prompt à deviner, s'est étonné le jeune homme.

— N'oubliez pas que c'est mon métier !

— Je ne voulais pas la voler pour de vrai, bien sûr !

Je savais où il la cachait. Je l'ai mise en lieu sûr. Je venais maintenant lui annoncer que j'avais découvert qui la lui a dérobée...

— Vous avez, j'imagine, a poursuivi Molière, forgé toute une fine histoire de bandits d'honneur, de frères et de pères perdus et retrouvés qui restitueront la cassette à une unique condition.

— Précisément ! Qu'il m'accorde la main de Mariane ! Parce qu'elle se nomme Mariane !

— Que t'en semble, Anselme ? a demandé Molière en se tournant vers moi. Pour moi, j'aimerais bien que monsieur...

— Cléante, pour vous servir, a dit le jeune homme.

— ... Que Cléante épouse Mariane. Mes cinq mille livres lui reviendraient entre les mains en sorte qu'il pourrait me les rendre. De ce côté-là, je serais tranquille. Par ailleurs, messire Harpagon rentrerait en possession de son or, il n'y aurait donc plus de vol ni de raison à ce que tu pousses plus loin tes investigations. Que t'en semble...

— Vous savez, tout exempt que je suis, la larme me monte facilement à l'œil et rien ne m'attriste autant que les amours contrariées. Alors si monsieur veut épouser, qu'il épouse, et si nous pouvons l'y aider, aidons l'y.

Cléante est allé annoncer à son père à quelles conditions il retrouverait son or. Le vieil avare a mis une longue heure à l'admettre. Il a crié, grondé, soupiré, sauté, grogné, pris le ciel et l'enfer à témoin, maudit le monde entier, fait un tapage tel qu'il m'est impossible de le décrire. Pour finir, alors qu'il venait de céder, il s'est mis à regretter la veuve, la riche veuve.

— Ma foi, monsieur, a dit dame Claude, si elle vous plaît tant, épousez-la vous-même au lieu d'en affubler votre fils !

Nous sommes partis sur ces bonnes paroles, Molière et moi.

J'ignore si ce mariage-là s'est fait. J'ai ouï parler de celui de Cléante avec Mariane mais pas de celui d'Harpagon. Peut-être a-t-il renoncé à cet hymen à cause de la dépense. Car jamais je n'avais croisé semblable avaricieux. Les dernières paroles que je l'ai entendu prononcer ont été :

— Et moi, revoir ma chère cassette !

*

Je n'ai pas grand-chose à rajouter au témoignage de cet exempt sinon que mon père connaissait le monde des usuriers et des prêteurs sur gages pour l'avoir fréquenté à ses dépens au temps de l'Illustre théâtre.

L'Avare *a eu sa première le 9 septembre 1668. Sans être un échec, la pièce n'a pas connu le succès qu'à mon avis, sa grande qualité lui aurait mérité. Peut-être le public habituel du théâtre n'a-t-il pas eu envie d'entendre évoquer, même sur le ton le plus plaisant, les problèmes d'argent qui faisaient ses soucis quotidiens ?*

Comme je l'ai déjà signalé, la liste du bric-à-brac

qu'Harpagon veut repasser à Cléante est très intéressante. À elle seule, elle pourrait dire d'où vient mon père si les indications manquaient sur le sujet. On croit entendre l'inventaire d'un tapissier : « Premièrement, un lit de quatre pieds, à bandes de points de Hongrie, appliquées fort proprement sur un drap de couleur d'olive, avec six chaises et la courte-pointe de même ; le tout bien conditionné, et doublé d'un petit taffetas changeant rouge et bleu. Plus, un pavillon à queue, d'une bonne serge d'Aumale rose-sèche, avec le mollet et les franges de soie... » La précision dans la description ne laisse aucun doute : il était tapissier du roi à l'époque où il l'a écrite !

C'est par Vauthier que nous avons eu connaissance du *Tartuffe*, la comédie de Molière. Elle fut pour nous comme un coup [illegible] car nous [illegible] seuls [illegible] pour [illegible] quand [illegible] parmi [illegible] les faux dévots [illegible] [illegible] qui trouvèrent un [illegible]

[illegible] possible [illegible] nos [illegible] de la famille que [illegible] que [illegible] naturel [illegible] parole.

Nous [illegible] et le mystère nécessaire [illegible] d'une [illegible] de [illegible] nous [illegible]

Déposition d'Alcofribas, alias François, fils d'un digne bourgeois de la ville de Luçon.

C'est par Nasibus que nous avons eu connaissance du *Tartuffe*, la comédie de Molière. Elle fut pour nous comme lait et miel. Savoir que nous n'étions pas les seuls à ne pas pouvoir supporter l'hypocrisie, les mines patelines, les faux dévots et faux-culs, ce fut comme la pluie qui tombe sur une terre brûlée.

Nous étions quatre à nous réunir chaque fois que possible pour nous raconter ce que nous faisaient souffrir nos maîtres, nos professeurs ou, dans mon cas, certain oncle de la famille que je détestais. Je puis dire que cet homme-là, quand j'ai lu *Le Tartuffe*, je l'ai vu peint au naturel sur le papier.

Nous nous réunissions avec tout le mystère nécessaire dans la crypte d'une chapelle abandonnée, nous nous plaignions de notre sort, et nous en demeurions là. Que faire de plus ? Que faire contre ceux qui avaient autorité sur nous et ne manquaient pas de l'exercer, au détriment de notre fondement, très souvent ?

Formaient notre petite coterie Nasibus, que j'ai déjà cité, Centimanus, qui était apprenti chez le notaire Humeau et fort épris de sa fille Mariane, Clinamen, futur bachelier confié aux soins de l'abbé Séderre et moi-même, Alcofribas.

Ces surnoms servaient à renforcer le mystère autour de notre confrérie. Nasibus s'appelait en réalité Guillaume et devait son sobriquet à un nez proéminent ; il étudiait les humanités en vue d'aller au séminaire. Centimanus parlait en agitant beaucoup les mains, ce qui donnait à croire qu'il en avait cent : il se nommait Thomas. Clinamen, en fait Jean, expliquait tout par la théorie des atomes qu'il avait pêchée chez Lucrèce ; il était fils de l'intendant du château. Quant à moi, François, l'alias que je m'étais choisi était un hommage à Rabelais ; mon père voulait faire de moi un docteur, je rêvais d'être poète.

J'ai dit qu'en lisant la pièce, j'y avais retrouvé l'oncle Dominique. Pour Nasibus, Tartuffe était frère Pinvielle en personne et Clinamen affirmait que, hormis le sexe, c'était dame Péricarde, la belle-mère du vicomte de Mouilleron, tout crachée. Centimanus, qui était amoureux, n'avait pas d'ennemi.

Des mois durant nous avons lu *Le Tartuffe*, nous l'avons joué entre nous, nous l'avons commenté au point de le connaître par cœur. Nous avons suivi, autant que possible, les contrariétés qu'a subies la pièce et les démêlés de l'auteur, victime des dévots. Depuis notre petite ville, la plus crottée de France selon Richelieu, ce n'a pas été facile. Car, à Luçon, se déclarer en faveur de Molière, que l'abbé Roullé venait de vouer au feu du bûcher « avant-coureur de celui de l'enfer, pour expier un crime de lèse-majesté divine », prendre parti pour *Le Tartuffe*, que condamnait l'archevêque de Paris, c'était impensable.

Notre compagnie demeurait secrète. Nous lui avions trouvé un joli nom, la Congrégation des Contra-Tartuffenitouche, nous avions un cri de ralliement que nous poussions à voix basse dans nos réunions sous la chapelle en ruine : tartufaba ! Cependant, les mois allaient passant et notre zèle tartufficide s'érodant, faute d'avoir du grain à moudre. Il ne venait plus de nouvelles de Paris où le triomphe des dévots semblait avoir eu raison de la pièce. Nous, ennemis luçonais des imposteurs, nous avions une satire qui aurait pu leur être fatale mais aucun moyen de nous en servir pour nous gagner des partisans.

Jusqu'à ce soir fameux où m'est venue une idée.

Nasibus s'était plaint de frère Pinvielle qui se donnait des airs d'ascète, critiquait sa gourmandise et s'empiffrait en cachette, en dévorant toutes les douceurs que lui faisait parvenir sa mère. Clinamen en était presque à vouloir étrangler dame Péricarde qui faisait mille misères à son père, et moi je craignais que mon père ne finisse par nous renier, mes frères, mes sœurs et moi-même, pour donner son bien à l'ignoble Dominique. Centimanus, lui, aimait Mariane.

L'idée qui m'est venue était simple. J'ai dit :

— Mes amis inspirons-nous de Molière ! Prenons-les la main dans le sac !

— Qu'est-ce que tu veux dire ? s'est étonné Clinamen.

— Explique-toi, a renchéri Nasibus.

— Comment, dans la pièce, ai-je demandé pour répondre à leurs souhait, Elmire confond-elle le patte-pelu ?

Je ne sais plus lequel a répondu par ces vers de la pièce :

« Approchons cette table, et vous mettez dessous.

— Comment ?

— Vous bien cacher est un point nécessaire.

— Pourquoi sous cette table ?

Ah, mon Dieu ! Laissez faire :

J'ai mon dessein en tête, et vous en jugerez.

Mettez-vous là, vous dis-je ; et quand vous y serez,

Gardez qu'on ne vous voie et qu'on ne vous entende. »

— Tendons-leur un piège, ai-je enchaîné, et prenons-les...

— La main dans le sac ! a conclu Clinamen.

Nous avons commencé par le plus facile : frère Pinvielle.

Les parents de Nasibus avaient annoncé leur visite. Nous nous sommes procuré chez l'apothicaire une préparation dont l'effet laxatif tient du prodige. Il vide son homme en quelques minutes et reste actif quatre ou cinq jours durant. Nous en avons mélangé une forte quantité à un fond de gelée de coings que Nasibus avait pu soustraire à son goinfre de précepteur.

Quand ses parents se sont enquis de sa santé, notre ami leur a dit qu'il souffrait d'un fort resserrement de ventre, qu'il avait acheté une médication pour le relâcher mais qu'il attendrait qu'ils repartent pour se soigner. Sa mère lui avait apporté un nouveau pot de gelée qu'il s'est empressé de montrer à frère Pinvielle. L'autre a levé les yeux au ciel en disant qu'il avait renoncé aux friandises terrestres pour les délices spirituelles.

Un peu plus tard, les parents de Nasibus ont eu la surprise de voir frère Pinvielle traverser la salle en toute hâte et, sa bure relevée pour aller plus vite, courir comme une flèche jusqu'à certain lieu retiré qui se trouvait au fond du jardin. Ce manège s'est répété tout au long de la journée. Nasibus, l'air innocent, a feint de s'étonner en retrouvant vide le pot de laxatif.

— Le frère Pinvielle a englouti toute ma purge en croyant manger l'exquise gelée que vous m'avez apportée, leur a-t-il dit. La faute est mienne : je n'aurais pas dû garder ma médecine dans un pot identique à ceux où mère conserve les confitures.

Les parents de Nasibus ont beaucoup ri du frère et de ses courses, froc en main, jusqu'au bout du jardin. Ils lui ont conseillé de ne plus se targuer de grands principes ou alors, de les pratiquer. Avec leurs amis, ils ne l'ont plus appelé que frère Colique, un nom qui lui est venu aux oreilles, pour sa grande honte. Inutile de préciser que, depuis, il n'a plus chipé de douceurs et laisse Nasibus tranquille avec la gourmandise.

Le piège dans lequel nous avons fait tomber dame Péricarde nous a causé quelques frais et coûté plus de soins à mettre en place. Clinamen a commencé par préparer le terrain auprès du vicomte. Ils sont assez familiers et Mouilleron, qui est un butor, se laisse impressionner par le savoir et la volubilité de notre ami. Clinamen lui répété que d'après les meilleurs auteurs anciens, il était bon que les femmes se fassent belles en mettant leurs avantages en valeur. Dame Péricarde, qui se pique de vertueuse austérité, a exprimé un avis différent. À son avis :

— Les péronnelles qui se graissent le museau et passent leur temps dans la toilette se préparent une belle place en enfer !

Avec la complicité d'une jeune servante que les réprimandes de la douairière avaient excédée, Clinamen a remplacé le sirop de fleurs de sureau dont la dame faisait abondant usage par une liqueur, de sureau aussi, très douce, mais chargée en alcool. Dans le cabinet de toilette de la dame, la même servante a disposé des fards, du parfum et des produits cosmétiques que nous nous étions procurés, ainsi que des bijoux prélevés dans la cassette de la vicomtesse. Elle a aussi remplacé, sur le porte-manteau, la stricte robe noire à collet haut monté que dame Péricarde voulait porter à l'office du soir par une robe empruntée à certaine dame dont la discrétion m'interdit de parler plus.

Il semble que dame Péricarde, ce jour-là, a trouvé le sirop très à son goût et qu'elle est revenue et revenue encore à la bouteille. Mise en joie par cet excellent breuvage, se sentant toute légère, elle s'est assise à son miroir – un tout petit miroir parce que se mirer dans un grand est commettre un grand péché. Là, poussée par quelque démon, elle a commencé à se peindre le visage avec les couleurs et les fards qu'elle a trouvés, sans cesser de boire de son sirop : un trait de nectar par ici, un trait de rouge sur les lèvres, de bleu sur les yeux, de blanc sur un nez, par-là. De verre en verre, elle s'est coloriée à l'instar d'une madone byzantine, s'est parée d'or et de pierres fines comme une chasse à reliques, s'est ointe de musc[1].

Quand, pressée par le temps car elle avait musardé, dame Péricarde a voulu passer sa toilette pour gagner la chapelle, elle n'a rien trouvé à se mettre que la robe voyante et amplement décolletée prêtée par notre amie. Les vapeurs de la griserie aidant, elle s'en est vêtue et, d'une démarche énergique quoique titubante, s'en est allée remplir ses devoirs religieux.

C'était un jour où les Mouilleron avaient monseigneur l'évêque et plusieurs membres de leur parentèle, proche ou lointaine. L'arrivée de dame Péricarde qui s'est pris les pieds dans le tapis de l'allée centrale, s'est affalée sur le ventre et, ne pouvant se relever, s'est mise à rire comme une baleine n'est pas passée inaperçue. Son accoutrement et son haleine parfumée non plus.

Elle s'est exilée dans une sienne maison au fin fond des campagnes. Elle n'en sort pas et prie pour que la

1. Parfum très fort.

Providence fasse oublier ce qu'ils ont vu à ceux qui l'ont vue ce jour-là.

Quant à l'oncle Dominique, nous l'avons traité en dernier. Pour lui, il était inutile d'aller chercher trop loin :

— Appliquons-lui à la lettre le stratagème décrit dans la pièce, ai-je suggéré à mes camarades.

Dorine, une servante de mes parents qui a de la faiblesse pour moi a accepté de faire l'appât. Elle a tant et si bien échauffé le faux vertueux qu'il s'est jeté dessus dès qu'il s'est trouvé seul avec elle. Seul ? C'était ce qu'il croyait, car mon père se trouvait avec moi caché sous une table.

Dorine a repoussé oncle Dominique en disant :

« C'est que vous n'aimez rien des choses de la terre. »

En tartuffe encore plus tartuffe que le vrai, il a répondu :

« Mon sein n'enferme pas un cœur qui soit de pierre. »

« Pour moi, a répliqué Dorine tout en se défendant de ses mains qui la palpaient de partout, je crois qu'au ciel tendent tous vos soupirs, et que rien ici-bas n'attire vos désirs. »

Cet odieux personnage a osé lui répondre :

« L'amour qui nous attache aux beautés éternelles
N'étouffe pas en nous l'amour des temporelles ;
Nos sens facilement peuvent être charmés
Des ouvrages parfaits que le ciel a formés. »

Dorine l'a fortement repoussé en disant :

« Un dévot comme vous, et que partout on nomme... »

« Ah ! a répliqué l'oncle Dominique avec un air plus fourbe que jamais, pour être dévot, je n'en suis pas moins homme... »

Sous la table, j'ai soufflé à l'oreille de mon père :

— Justement, avec un homme comme lui dans la maison, ni les servantes, ni mes sœurs ni même ma mère ne sont en sûreté. Il fait le bel apôtre mais, en vérité, c'est un véritable verrat !

J'ai entendu l'oncle Dominique poursuivre :

« Je sais qu'un tel discours de moi paraît étrange ;

Mais, Dorine, après tout, je ne suis pas un ange... »

Mon père a bougé à côté de moi. Ma remarque avait porté. Il est le meilleur des hommes mais n'aime pas qu'on le prenne pour une andouille, comme il dit. Et quand sa bile s'échauffe, rien ne le retient. Il a bondi de sous la table en criant :

— Le maraud ! Le pendard ! Qui cherche des poux à tout le monde sur le chapitre de la bonne conduite ! Ah ! Je vais lui inculquer la décence et la vertu qu'il prêchait, moi ! Tiens, prends ça, double-cul ! Papelard ! Chattemite !

Il avait sa canne à la main ; le dos de l'oncle Dominique doit sûrement s'en souvenir. Mon père l'a conduit à sa chambre en tambourinant dessus. L'oncle a ramassé ses quelques hardes, il a dévalé l'escalier en courant et, sans souhaiter l'au revoir à quiconque, est sorti de notre maison. M'est avis qu'à l'heure présente, il court encore.

Grâce à notre cher Molière, la Congrégation s'est débarrassée de ses principaux ennemis. Désormais, ses dignes membres – sauf Centimanus qui veut convoler ici et remplacer maître Humeau – nous rêvons d'une seule chose : quitter notre trou provincial. Pour ma part, je suis même prêt à étudier la médecine. La médecine ! Pouâcre ! Je sais d'avance qu'en menant de telles études, les occasions de pousser notre cri de ralliement ne me manqueront pas !

*

Entre la création du Tartuffe, *en mai 1664 et le triomphe qu'a été sa reprise, en février 1669, mon père a dû se battre pour défendre sa pièce. Finalement, l'acharnement des dévots contre lui a produit des effets inverses à ce qu'ils espéraient : elle a été un des plus grands succès de Molière. À force d'en entendre parler, tout le monde a voulu la voir. Ce qui démontre que les excès des religieux nuisent à la cause qu'ils prétendent servir et défendre plus qu'ils ne lui sont bénéfiques.*

Dans l'intervalle, il avait écrit Le Misanthrope, *que beaucoup considèrent comme sa meilleure pièce. Mon père jouait Alceste, ma mère, Célimène.*

Cette distribution des rôles a fait prétendre à certains qu'ils étaient les inspirateurs de leurs personnages. J'ai lu ici ou là que ma mère était coquette et infidèle. Elle était belle, jeune, charmante, pleine d'esprit et de talent. Ce sont de bonnes raisons pour que mon père l'ait aimée. D'autres lui ont trouvé ces mêmes qualités, c'est certain : il eût fallu être aveugle et sourd pour ne pas les noter. Elle exerçait un métier où l'on aime plaire ; plaire y est même essentiel. Elle a plu. Qui peut le lui reprocher ?

Quant à la jalousie de mon père... Il a mis en scène des maris trompés et des jaloux alors que ma mère n'était pas née. Fallait-il qu'il soit doué d'un solide don de prescience pour se mettre lui-même en scène vingt ans à l'avance !

Que savent du délabrement de leur ménage ceux qui en ont parlé ? Comme moi, à peu près rien. Ce que je sais c'est que mes parents vivaient ensemble, qu'ils m'aimaient, que mon père travaillait beaucoup, était malade et n'avait pas l'humeur facile. De là à en rendre ma mère responsable !

Ce qui m'a charmée dans le témoignage de François alias Alcofribas, c'est qu'il montre que ces jeunes provinciaux ont bien perçu quelle cible visait mon père. Ils s'en sont pris aux hypocrites qui leur rendaient la vie amère. Comme lui, ils ont compris que l'imposture nous empêche de vivre et, avec elle, les faux savants, les faux dévots, les faux vertueux...

Je suis sûre que Le Tartuffe restera une pièce dont la pertinence ne diminuera jamais. Ou bien je connais mal l'Homme ou il cherchera toujours des certitudes derrière quoi se réfugier avant de tenter de les imposer aux autres *pour mieux se rassurer. Ce qui a tellement déplu aux dévots, c'est que la pièce démonte le mécanisme de leur pouvoir. Ils se sont vus à nu et ne l'ont pas supporté.*

Déposition de Louison, fille de Jean-Armand de Mauvillain, doyen de la faculté de médecine, docteur de Molière.

Maintenant qu'il est mort, tout le monde va dire que Molière avait bien raison de se méfier des médecins. Comme si un docteur a jamais empêché quiconque de mourir, finalement. Comme si, médecine ou pas, nous n'étions pas tous promis à ce sort commun !

On a affirmé aussi qu'il n'aimait pas les docteurs, qu'il n'a cessé de les attaquer pièce après pièce. Je suis bien placée pour assurer que ce n'est pas vrai. D'abord, il était très ami avec mon père et certains de ses confrères. Ensuite, il s'est moqué d'eux, ce qui n'est pas la même chose. Il s'est surtout moqué des plus ridicules d'entre eux. Et Dieu sait que des docteurs grotesques, la profession en compte beaucoup. C'est du moins ce que j'entends répéter à mon père tous les jours depuis douze ans que je suis en âge de comprendre ses propos.

J'irai même plus loin en prétendant que Molière, s'il n'avait pas été comédien, serait sûrement devenu médecin. Mon père le lui a dit, un soir, voilà un an environ. Molière n'a pas paru surpris du tout, signe qu'il y avait pensé. Il a répliqué :

— Tu sais, c'est un peu le même métier. Dans les deux cas, il faut faire semblant. Faire semblant d'en savoir long sur la maladie et de pouvoir la guérir de votre côté, prétendre être quelqu'un d'autre, agir et sentir à sa place, du mien. Note bien, j'aurais pu aussi être un excellent malade. Dans son cas, il lui faut faire semblant de croire que le médecin va le guérir. D'ailleurs, ça me donne une idée...

Il nous a dit qu'il était en train d'écrire une nouvelle pièce. Et qu'au lieu de l'appeler, *Le Médecin imaginaire*, comme il l'avait pensé, ce serait *Le Malade imaginaire*.

On l'a souvent vu à la maison pendant la période où il écrivait. Il venait d'abord comme patient car il était déjà fort malade. Le mal au poumon qui l'a emporté était déjà à l'œuvre depuis un bon moment et ni lui ni mon père ne se faisaient beaucoup d'illusions sur le temps qu'il lui restait. Il venait aussi pour, prétendument, poser à mon père des questions sur le métier. Je sais qu'il était capable d'écrire seul car il en savait long sur les mille manies de la Faculté et de ses membres.

Il arrivait, se posait dans un fauteuil, tirait une feuille de papier recouverte de pattes de mouche et disait :

— Écoutez un peu le dialogue que j'ai écrit entre les Diafoirus père et fils, qui sont médecins, et Argan, qui se croit gravement malade.

Puis il lisait, et jouait en lisant :

« THOMAS DIAFOIRUS.— *Dico*[1] que le pouls de Monsieur, est le pouls d'un homme qui ne se porte point bien.

MONSIEUR DIAFOIRUS.— Bon.

THOMAS DIAFOIRUS.— Ce qui marque une intempérie dans le parenchyme splénique, c'est-à-dire la rate.

MONSIEUR DIAFOIRUS.— Fort bien.

ARGAN.— Non, monsieur Purgon dit que c'est mon foie, qui est malade.

MONSIEUR DIAFOIRUS.— Eh oui, qui dit parenchyme, dit l'un et l'autre, à cause de l'étroite sympathie qu'ils ont ensemble, par le moyen du *vas breve* du pylore, et souvent des méats cholidoques. Il vous ordonne sans doute de manger force rôti ?

ARGAN.— Non, rien que du bouilli.

MONSIEUR DIAFOIRUS.— Eh oui, rôti, bouilli, même chose. Il vous ordonne fort prudemment, et vous ne pouvez être en de meilleures mains. »

Sur quoi il riait et riait encore, non pas, comme moi, de ce qu'il venait de lire mais de la tête que faisait mon père, de sa mine désolée et pitoyable quand il avouait à voix basse :

— C'est malheureusement bien observé et bien rendu !

En fait, mon père était plus sévère sur ses confrères

1. *Dico* : je dis ; *bene* : bien ; *optime* : parfait.

que Molière. Un soir qu'il était rentré triste et un peu plus désabusé qu'à son habitude, il lui a raconté :

— Ce matin, je me suis trouvé appelé en consultation au chevet d'un quasi mourant en même temps que B***, mon illustre collègue. Tu le connais. Figure-toi que quand je suis entré dans la chambre, il s'en prenait à son patient parce que le pauvre diable, à bout de force et exaspéré par des remèdes qui ne lui faisaient aucun bien, avait décidé de ne plus les prendre. Il lui annonçait qu'en renonçant à son ordonnance, il s'était lui-même livré aux pires maladies de la terre dont il n'y avait plus moyen de le tirer. Comme si le malheureux n'avait pas assez de la sienne qui était en train de le tuer !

— En réalité, a répondu Molière, ton confrère était fâché de son impuissance, ce qui dénote qu'il n'est pas dépourvu de cœur. Il enrageait seulement de ne pas pouvoir sauver son malade. Le dépit mène à ces sortes d'extrémités. Tu ne devrais pas t'en frapper mais rire, plutôt, du ridicule qu'il y a à vouloir faire mieux que la nature !

Et le lendemain, il est revenu nous lire ceci :

« MONSIEUR PURGON.— Puisque vous vous êtes déclaré rebelle aux remèdes que je vous ordonnais...

ARGAN.— Hé point du tout.

MONSIEUR PURGON.— J'ai à vous dire que je vous abandonne à votre mauvaise constitution, à l'intempérie de vos entrailles, à la corruption de votre sang, à l'âcreté de votre bile, et à la féculence de vos humeurs.

ARGAN.— Mon Dieu !

MONSIEUR PURGON.— Et je veux qu'avant qu'il soit quatre jours, vous deveniez dans un état incurable.

ARGAN.— Ah ! miséricorde.

MONSIEUR PURGON.— Que vous tombiez dans la bradypepsie[1].

ARGAN.— Monsieur Purgon.

MONSIEUR PURGON.— De la bradypepsie, dans la dyspepsie.

ARGAN.— Monsieur Purgon.

MONSIEUR PURGON.— De la dyspepsie, dans l'apepsie.

ARGAN.— Monsieur Purgon.

MONSIEUR PURGON.— De l'apepsie, dans la lienterie.

ARGAN.— Monsieur Purgon.

MONSIEUR PURGON.— De la lienterie, dans la dysenterie.

ARGAN.— Monsieur Purgon.

MONSIEUR PURGON.— De la dysenterie, dans l'hydropisie.

ARGAN.— Monsieur Purgon.

MONSIEUR PURGON.— Et de l'hydropisie dans la privation de la vie, où vous aura conduit votre folie. »

Cette fois, mon père a ri. Puis il a ajouté :

— Ce qui me désole, c'est de les voir aussi fermés. Ils répètent inlassablement ce qu'ont dit Aristote et

1. Monsieur Purgon énumère toute une série de noms de maladies qui n'ont pas forcément de lien entre elles.

Hippocrate. Et quand je leur parle de la circulation du sang[1], du mécanisme de la transpiration, du rôle de l'intestin, de l'anatomie du foie, de la nature des tissus et de la fonction des vaisseaux capillaires, ils me répondent en latin des billevesées qui commencent invariablement par « *sicut Aristoteles dixit* »... C'est à désespérer de la profession ! Et de l'homme !

Je m'en souviens, mon père s'est levé pour arpenter la grand-salle que le crépuscule d'automne assombrissait par degrés.

— Ils sont ignorants mais je le suis aussi. Nous le sommes tous. Jamais nous ne percerons les derniers secrets de la Nature. Je ne leur en veux pas de ne pas savoir. Mais pourquoi ne pas l'admettre, nous faire humble devant notre ignorance ? Descartes l'a dit : le doute est à la base de toute connaissance. Ils n'ont que des certitudes ! Et quelles certitudes !

— Tu en as bien quelques-unes, toi aussi, comme tout le monde, a fait remarquer Molière avec un sourire moqueur.

— J'observe, j'expérimente et si ce que je tente ne réussit pas, je ne me cache pas mes échecs derrière de grands mots ! Toi, par exemple, je ne prétends pas te guérir mais...

— À la bonne heure ! Me voici condamné par la Faculté !

1. Il s'agit des principales découvertes médicales faites à l'époque de Molière. La médecine traditionnelle telle qu'il l'a mise en scène n'en tenait pas compte ou, du moins, ne savait pas encore les mettre à profit.

— En revanche, si tu voulais m'écouter... Mais tu n'en fais qu'à ta tête !

— J'ai pris du lait des années durant, autant que deux vaches pouvaient en produire, et nonobstant ce régime, j'ai continué de tousser, de cracher, de suffoquer et de souffrir cruellement !

— Je t'ai conseillé le repos. Tu n'es plus assez fort pour paraître en scène. Contente-toi d'écrire. Il y a assez d'excellents comédiens dans ta troupe pour faire valoir ce que tu produis !

— Encore la vieille histoire, hein ? Tu voudrais que j'arrête !

— De jouer, oui ! Et je ne suis pas le seul à te le répéter. Tous tes amis sont du même avis, de Bernier à Boileau, et Armande aussi, et tous tes comédiens.

— Il faudrait que je ne joue plus...

— Et alors ! Tu es connu, admiré. Tu as la faveur du roi. Les gens courent à tes pièces. Elles sont mises en langue anglicane. Tout le monde pense comme La Fontaine que tu es le plus grand poète comique depuis Térence. Que veux-tu de plus ?

— Il faudrait que je ne joue plus...

— Tu as tout l'argent que tu veux. Tu habites une maison superbe, trop grande pour vous, même. Alors, qu'y a-t-il ?

— Il y a, mon ami, que si je joue, je meurs mais que si je cesse de jouer, je ne vis plus.

Je l'ai revu chez nous une seule fois, quelques jours plus tard. Après, les préparatifs de la pièce qui était une grosse machine avec de la musique, du chant, de la danse et des intermèdes l'ont accaparé tout entier. C'était le soir. Quand je suis entré dans la salle, il était seul, assis dans le fauteuil haut qui était devenu le sien. Il faisait sombre. J'ai été un peu surprise de le voir là, qui ne bougeait pas.

— Ah ! C'est vous monsieur Molière ?

— C'est moi, Louison. Ton père n'est toujours pas rentré ?

— Je crains qu'il ne revienne très tard. Peut-être pas avant demain. Une patiente, fort mal engagée.

— Qu'il va dépêcher *ad patres* ! Je ne pourrai pas l'attendre. C'est dommage. Je voulais lui dire la fin de ma pièce. Je l'ai faite tout dans ce latin de cuistres dont il se moque si fort.

Je me suis approchée, j'ai pris ses mains dans les miennes.

— Si vous le vouliez, peut-être pourriez vous me la dire à moi, si vous ne me jugez pas trop mauvais auditoire...

Il m'a joué, pour moi toute seule, ce qu'ensuite j'ai revu sur scène, sans lui. La scène où Argan est fait docteur, depuis les :

« *Domandabo tibi, docte Bacheliere,*
Quæ sunt remedia,
Quæ in maladia...[1] »

En passant par les :

1. En un latin très approximatif : Je te demanderai, quels sont les remèdes qui dans la maladie...

« *Clysterium donare, Postea seignare, Ensuitta purgare.*[1] »

Jusqu'à la série, tristement célèbre désormais, des : « *Juro*[2]. »

Quand il a fini, hors de son souffle, tout pantelant, le visage ruisselant de transpiration, il a remarqué :

— Tu pleures, Louison ?

— Oui, monsieur Molière, je pleure de rire.

Il a soupiré, est resté pensif un long moment puis, d'une voix changée, comme lointaine, il m'a dit :

— C'est bizarre, vois-tu, je me rappelle tout d'un coup... il y a eu une autre petite fille, plus jeune que toi alors, que j'ai voulu faire rire, autrefois. Elle se nommait... Marie. J'étais assis dans un fauteuil semblable à celui-ci, mais en bien plus mauvais état. J'ai joué celui qui trépassait en m'agitant beaucoup et en sautant dans mon siège et en criant : « Aah ! Aah ! ». Elle, cette grande bête, au lieu de rire, elle a pleuré... Il est parfois bien difficile de faire rire les gens, sais-tu !

— C'est parce que tout en nous est mêlé. Et si proche, si voisin : la joie et le chagrin, le bonheur et la peine, les rires et les larmes.

Il a eu un pâle sourire et m'a caressé la joue.

— Tu dis vrai, ma bonne Louison... L'homme est décidément un étrange animal !

1. En un latin toujours très approximatif : Donner un lavement, Puis saigner, Ensuite purger.
2. Je le jure.

*

Je n'ai pas envie d'ajouter quoi que ce soit au témoignage de Mlle de Mauvillain. Les souvenirs qu'il réveille sont trop pénibles. Non tant la mort de mon père qui était malade depuis si longtemps que nous nous attendions à une issue fatale.

Je suis triste, seulement, qu'on l'ait laissé s'éteindre sans que les prêtres qu'on avait appelés aient voulu se déplacer. J'ai de la peine que le clergé de sa paroisse ait voulu le priver d'une sépulture et l'ait finalement enterré de nuit, comme un malfaiteur. Ces façons me semblent manquer de cette bonté, de cet amour de ses semblables, de cette humanité, en un mot, dont il regorgeait et qu'ils n'ont jamais eue.

Après ces propos un peu trop graves, je veux juste ajouter que, quitte à passer pour un peu frivole, j'ai regretté de ne trouver aucun témoignage sur la représentation de Psyché *qui s'est donnée le 17 janvier 1671 au Palais des Tuileries. Baron y jouait l'Amour, ma mère Psyché et moi, vêtue d'une jupe de couleur rose avec un corps de taffetas vert garni de dentelle, j'y tenais le rôle d'une Grâce. J'étais plus verte que ma chemise tant j'avais peur. Pourtant tout s'est passé merveilleusement. À la fin, mon père m'a enlevée dans ses bras, m'a donné un gros baiser et m'a dit :*

— Tu es la plus délicieuse de toutes mes comédiennes !

C'est la raison pour laquelle je n'ai pas persisté dans la carrière théâtrale. Après un tel triomphe alors que je n'avais pas encore six ans, je ne pouvais pas prétendre aller plus haut !

P.S.

Je viens de m'en apercevoir en relisant ce qui précède, certains des « témoignages » recueillis par Esprit-Madeleine intègrent des citations plus ou moins longues de pièces de Molière. Je n'ai pas voulu signaler ces emprunts au lecteur, ce qui l'aurait privé du plaisir de les repérer lui-même, ni lui faire l'insulte d'en indiquer l'origine et les références. Je lui fais confiance, il trouvera pour peu qu'il cherche. En fait, la lecture de ce recueil, ou, plus probablement sa relecture, peut se concevoir aussi comme une chasse au trésor. Même si je tends à penser que ce devrait être le cas de toute lecture, l'avantage, ici, c'est que le trésor à découvrir est explicite. Partir à la recherche du texte de Molière, n'est-ce pas un projet des plus enthousiasmants ?

M.L.

Table

Composition Jouve – 62300 Lens
N° 1156362a
Imprimé par CAYFOSA QUEBECOR à Barcelone (Espagne)
Dépôt éditeur n° 81217
32.10.2362.5/01 - ISBN : 978.2.01.322962.1
Loi n° 49-956 du 16 juillet 1949 sur les publications destinées à la jeunesse
Dépôt légal : janvier 2007